Tchèque
guide de conversation

Berlitz Publishing/APA Publications GmbH & Co. Verlag KG,
Singapore Branch, Singapore

Table des matières

Excursions 65

Visites touristiques 80

Distractions 86

Faire connaissance 92

Guide des achats 97

Remerciements
Nous tenons à remercier tout particulièrement Prof. Evard, Jana
Dankovikova et Anna Fraser pour leur collaboration dans la
rédaction de ce livre.

Guide de prononciation

Ce chapitre a pour but de vous familiariser avec les transcriptions phonétiques que nous avons conçues, et de vous aider à vous habituer aux sons tchèques.

La prononciation doit être lue comme du français, à l'exception des règles particulières décrites ci-dessous.

Le tchèque est une des langues les plus phonétiques d'Europe, et vous aurez peu de problèmes à le prononcer, dès lors que vous vous serez familiarisé avec les signes diacritiques: le *čárka* ('), le *kroužek* (°), et le *háček* (ˇ).

Nous attirons votre attention sur le fait que toute les lettres se prononcent, y compris certaines consonnes placées en finale; exemple: **ret** (prononcé *rette*).

L'accent tchèque est toujours sur la première syllabe.

Consonnes

Lettre	Prononciation approximative	Symbole	Exemple	
b,d,f,g, k,l,m,n, p,t,v,a	se prononcent comme en français; à la fin d'un mot les consonnes **b,d,g,v,z,h** se prononcent respectivement **p,t,k,f,s,ch**			
h	au début d'un mot ou d'une syllabe se prononce comme le premier son de 'Huel'	h	**hora**	hora
ch	se prononce tout au fond de la bouche, comme le **r** de cru	KH	**ruch**	ROUKH
c	comme le premier son de **tzar**	ts	**cena**	tsenna

č	comme **tch** de **tchèque**	tch	**česky**	tchèsskii
ď	comme **di** de **Di**eu	dy	**ďes**	dyèss
g	comme **g** de **g**are	g	**garda**	garda
j	comme **y** de **Y**ougoslavie	y	**jaro**	yaro
ň	comme **gn** de ro**gn**on	gn	**daň**	dagn
r	se prononce avec la pointe de la langue	r	**rána**	raanna
ř	un son spécifique à la langue tchèque, un peu comme un **r** et un **ch** prononcés simultanément, un peu comme la**rge**	rch	**řasa**	rchassa
s	comme **s** de **s**alade, jamais comme **s** de rose	ss	**sebe**	ssèbè
š	comme **ch** de **ch**ou	ch	**šperk**	chpèrk
ť	comme **ty** de Ka**ty**a	ty	**sťín**	sstyiin
z	comme **s** de rose	z	**zeť**	zèty
ž	comme **j** de **j**our	j	**žíla**	jiila

N.B.

1) Certaines consonnes normalement sonores doivent être prononcées comme des sourdes lorsqu'elles sont placées à la fin d'un mot ou devant une autre consonne sourde; ainsi **b** devient **p**, **d** devient **t**, **g** devient **k**, **z** devient **s**, **v** devient **f**, **h** devient **ch**, **ž** devient **š**.

(**dub** se prononce *dup*, **rád** se prononce *raat*, **tah** se prononce *taкн*, etc.)

2) Quelques consonnes sourdes, lorsqu'elles sont placées devant une voyelle sonore, deviennent sonores (**kde** se prononce *gdè*, **svatba** se prononce *svadba*).

3) La lettre **ě**, ainsi que la lettre **i**, fait «mouiller» la consonne

précédente. On arrive à un résultat analogue si on prononce un y très bref (comme dans **y**oga) immédiatement après la consonne. Dans notre transcription, nous indiquerons cette «mouillure» par un **y** après la consonne.

4) Quant à certains sons tels que **in**, **on**, **an** etc., nous avons doublé les consonnes afin d'éviter une éventuelle nasalisation; exemple: **tenky** (tennkii).

Voyelles

Les voyelles tchèques peuvent être ou brèves (**a, e, i, o, u, y**) ou longues (**á, é, í, ó, ú, ů, ý**): l'accent aigu indique la longueur. Dans notre transcription, nous indiquerons les voyelles longues en les doublant (**á** aa, **é** êê, **í** ii, etc.)

a	comme **a** de patte	a	**rak**	rak
á	comme **â** de l'âme	aa	**rána**	raana
e	comme **e** de nette	è	**den**	dènn
é	comme **ê** de baptême	êê	**mléko**	mlêêko
i	comme **i** de ici	i	**pivo**	pivo
í	comme **ie** de Marie	ii	**bíly**	biilii
o	comme **o** de bonne	o	**slovo**	sslovo
ó	comme **au** de chaud	au	**gól**	gaul
u	comme **ou** de sous	ou	**ruka**	rouka
ú	comme **ou** de trou	oû	**úkol**	oûkol
ů	la même prononciation que **ú**	oû	**vůz**	voûss
y	prononcé comme **i**	i	**byt**	bit
ý	prononcé comme **í**	ii	**bílý**	biilii

Les consonnes **l** et **r** peuvent former des syllabes en qualité de demi-voyelles. Dans notre transcription nous indiquerons ce rôle par ^{ou}**l**, ^{ou}**r**:

vlk	v^{ou}lk	**krk**	k^{ou}rk

Diphtongues

au	(seulement dans les mots empruntés) se prononce **a-ou** (un **a** suivi d'un **ou**)	aou	**auto**	aouto
ou	comme la négation anglaise **no**: un **o** suivi immédiatement d'un **ou**	o-ou	**mouka**	mo-ouka

---

Prononciation de l'alphabet tchèque

A a	kraatkêê a	O o	kraatkêê o
Á á	dlo-ou-hêê a	Ó ó	dlo-ou-hêê o
B b	bêê	P p	pêê
C c	tsêê	Q q	kvêê
Č č	tchêê	R r	èrr
D d	dêê	Ř ř	èrj
Ď ď	dyêê	S s	èss
E e	kraatkêê è	Š š	èch
É é	dlo-ou-hêê è	T t	têê
F f	èf	Ť ť	tyêê
G g	gêê	U u	kraatkêê ou
H h	haa	Ú ú	ou chaarko-ou
CH ch	tchaa	Ů ů	ou skro-oujkèm
I i	kraatkêê ii	V v	vêê
Í í	dlo-ou-hêê ii	W w	dvo-yitêê vêê
J j	yê	X x	iks
K k	kaa	Y y	ipsilon
L l	èl	Ý ý	dlo-ou-hêê ipsilon
M m	èm	Z z	zêt
N n	èn	Ž ž	jêt
Ň ň	ènyy		

Quelques expressions courantes

Oui.	**Ano.**	anno
Non.	**Ne.**	nè
S'il vous plaît.	**Prosím.**	prossiim
Merci.	**Děkuji.**	dyèkou-yi
Merci beaucoup.	**Děkuji mnohokrát.**	dyèkou-yi mno-hokraat
Il n'y a pas de quoi/ De rien.	**To je v pořádku.**	to yè fporchaatku

Salutations *Pozdravy*

Bonjour (matin).	**Dobré ráno.**	dobrêê raanno
Bonjour (après-midi).	**Dobré odpoledne.**	dobrêê otpolèdnè
Bonsoir.	**Dobrý večer.**	dobrii vètchèr
Bonne nuit.	**Dobrou noc.**	dobro-ou nots
Au revoir.	**Nashledanou.**	nass-кнlèdanno-ou
A plus tard.	**Uvidíme se později.**	ouvidyiimè ssè pozdyè-yi
Salut!	**Ahoj!**	ahoy
Voici Monsieur/ Madame/ Mademoiselle...	**Tohle je pan/paní/ slečna...**	to-hlè jè pann/pagnii/ sslètchna
Enchanté(e) de faire votre connaissance.	**Těší mne.**	tyèchii mnè
Comment allez-vous?	**Jak se máte?**	yak sè maatè
Très bien, merci. Et vous?	**Děkuji dobře. A Vy?**	dyèkou-yi dobrchè. a vy
Comment ça va?	**Jak se daří?**	yak ssè darchii
Très bien.	**Dobře.**	dobrchè
Excusez-moi.	**Dovolte/Promiňte prosím.**	dovoltè/promigntè prossiim
Pardon/Désolé(e)!	**Pardon!**	pardonn

Questions *Otázky*

Où?	**Kde?**	gdè
Comment?	**Jak?**	yak
Quand?	**Kdy?**	gdi
Quoi?	**Co?**	tso
Pourquoi?	**Proč?**	protch
Qui?	**Kdo?**	gdo
Quel(le)?	**Který?**	ktèrii
Où est…?	**Kde je…?**	gdè yè
Où sont…?	**Kde jsou…?**	gdè sso-ou
Où puis-je trouver/ obtenir…?	**Kde bych našel(a)/ dostal(a)…?***	gdè biкн nachèl (nachla) / dostal(a)
C'est loin?	**Jak daleko?**	yak dalèko
Il faut combien de temps?	**Jak dlouho?**	yak dlo-ou-ho
Combien?	**Kolik?**	kolik
Combien coûte ceci?	**Kolik to stojí?**	kolik to sstoyii
A quelle heure ouvre/ ferme…?	**Kdy je… otevřeno/ zavřeno?**	gdi yè otèvrchèno/ zavrchènno
Comment appelle-t-on ça en tchèque?	**Jak se to řekne česky?**	yak ssè to rchèknè tchèsski
Que veut dire ceci/ cela?	**Co to znamená?**	tso to znamènnaa

Parlez-vous…? *Mluvíte…?*

Parlez-vous français?	**Mluvíte francouz-sky?**	mlouviitè franntso-ouski
Est-ce-que quelqu'un ici parle français?	**Mluví tady někdo francouzsky?**	mlouvii tadi gnègdo franntso-ousskì
Je ne parle pas (bien) le tchèque.	**Já nemluvím (moc) česky.**	yaa nèmlouviim (mots) tchèsski
Pourriez-vous parler plus lentement, s.v.p.?	**Mohl[a] byste mlu-vit pomaleji?**	moh^{ou}l [mo-hla] bisstè mlouvit pomalèyi

---

* Les formes alternatives lorsque la personne qui parle est une femme sont indiquées entre parenthèses.

Pourriez-vous répéter ça?	**Mohl[a] byste to opakovat?***	moh°ul [mo-hla] bisstè to opakovat
Pourriez-vous l'épeler?	**Mohl[a] byste to hláskovat?**	moh°ul [mo-hla] bisstè to hlaasskovat
Comment prononce-t-on ça?	**Jak se vyslovuje tohle?**	yak ssè visslouvu-yè to-hlè
Pourriez-vous l'écrire, s.v.p.?	**Mohl[a] byste to prosím napsat?**	moh°ul [mo-hla] bisstè to prossiim napssat
Pourriez-vous me traduire ça?	**Mohl[a] byste to pro mne přeložit?**	moh°ul [mo-hla] bisstè to pro mnè prchèlojit
Pourriez-vous nous traduire ça?	**Mohl[a] byste to pro nás přeložit?**	moh°ul [mo-hla] bisstè to pro naas prchèlojit
Pourriez-vous me montrer le/la … dans le livre, s.v.p.?	**Mohl[a] byste mi prosím v mé knize ukázat …?**	moh°ul [mo-hla] bisstè mi prossiim vmêê kgnizè oukaazat
mot	**to slovo**	to sslovo
expression	**ten výraz**	tènn viirass
phrase	**tu větu**	tou vyètou
Un instant.	**Malý moment.**	malii momennt
Je vais voir si je le trouve dans ce livre.	**Já se podívám jestli to můžu najít v mé knize.**	yaa ssè podyiivaam yèsstli to moùjou nayiit vmêê kgnizè
Je comprends.	**Rozumím.**	rozoumiim
Je ne comprends pas.	**Nerozumím.**	nèrozoumiim
Vous comprenez?	**Rozumíte?**	rozoumiitè

Puis-je …? *Žádosti …?*

Puis-je avoir …?	**Mohl[a] bych dostat …?**	moh°ul [mo-hla] biкн dosstat
Pouvons-nous avoir …?	**Mohli bychom dostat …?**	mo-hli biкном dosstat
Pouvez-vous m'indiquer …?	**Mohl[a] byste mi ukázat …?**	moh°ul [mo-hla] bisstè mi oukaazat

* Les formes alternatives lorsqu'on s'adresse à une interlocutrice féminine sont indiquées entre crochets.

Je ne peux pas.	**Nemůžu.**	nèmoûjou
Pouvez-vous me dire…?	**Mohl[a] byste mi říct…?**	moh^{ou}l [mo-hla] bisstè mi rchiitst
Pouvez-vous m'aider?	**Mohl[a] byste mi pomoci?**	moh^{ou}l [mo-hla] bisstè mi pomotsi
Puis-je vous aider?	**Mohu vám pomoci?**	mo-hou vaam pomotsi
Pouvez-vous m'indiquer le chemin de…?	**Mohl[a] byste mi říct jak najdu…?**	moh^{ou}l [mo-hla] bisstè mi rchiitst yak naydou

Voulez-vous…? *Chcete…?*

Je voudrais…	**Chtěl[a] bych…**	кнtyèl[a] biкн
Nous voudrions…	**Chtěli bychom…**	кнtyèli biкнom
Qu'est-ce-que vous voulez?	**Co chcete?**	tso кнtsètè
Pourriez-vous me donner…?	**Mohl[a] byste mi dát…?**	moh^{ou}l [mo-hla] bisstè mi daat
Pourriez-vous m'apporter…?	**Mohl[a] byste mi přinést…?**	moh^{ou}l [mo-hla] bisstè mi prchinnêêst
Pourriez-vous m'indiquer…?	**Mohl[a] byste mi ukázat…?**	moh^{ou}l [mo-hla] bisstè mi oukaazat
Je cherche…	**Hledám…**	hlèdaam
J'ai faim.	**Já mám hlad.**	yaa maam hlat
J'ai soif.	**Já mám žízeň.**	yaa maam jiizegn
Je suis fatigué[e].	**Jsem unavený [unavená].**	ssèm ounnavènnii [ounnavènnaa]
Je me suis égaré[e].	**Ztratil[a] jsem se.**	sstratyil[a] ssèm ssè
C'est important.	**To je důležité.**	to yè doûlejitêê
C'est urgent.	**To spěchá.**	to spyèкнaa

C'est/Il y a… *Je…?*

C'est…	**To je…**	to yè
Est-ce…?	**Je to…?**	yè to
Ce n'est pas…	**Není…**	nègnii
Le voici/la voici.	**Tady to je.**	tadi to yè
Les voici.	**Tady jsou.**	tadi sso-ou
Le voilà/la voilà.	**Tam to je.**	tam to yè
Les voilà.	**Tam jsou.**	tam sso-ou

Il y a…	**Tam je/Tam jsou…**	tam yè/tam sso-ou
Y a-t-il…?	**Je tam/Jsou tam…?**	ye tam/sso-ou tam
Il n'y a pas…	**Tam není/nejsou…**	tam nègnii/nèysso-ou
Il n'y en a pas.	**Tam není/nic.**	tam nègnii/gnits

C'est… *To je…*

beau/laid	**krásné/ošklivé**	kraasnêê/ochklivêê
bon marché/cher	**laciné/drahé**	latsinnêê/dra-hêê
bon/mauvais	**dobré/špatné**	dobrêê/chpatnêê
chaud/froid	**horké/studené**	horkêê/sstoudènnêê
facile/difficile	**lehké/těžké**	lèкнkêê/tyèchkêê
grand/petit	**velké/malé**	vèlkêê/malêê
ici/là-bas	**tady/tam**	tadi/tam
juste/faux	**správné/špatné**	sspraavnêê/chpatnêê
le suivant/la suivante/le dernier/la dernière	**příští/poslední**	prchiichtyii/posslèdgnii
libre/occupé	**volné/obsazené**	volnêê/opssazènnêê
lourd/léger	**těžké/lehké**	tyèchkêê/lèкнkêê
mieux/pire	**lepší/horší**	lèpchii/hor-chii
ouvert/fermé	**otevřené/zavřené**	otèvrchènnêê/zavrchènnêê
plein/vide	**plné/prázdné**	p^{ou}lnêê/praazdnêê
près/loin	**blízko/daleko**	bliissko/dalèko
rapide/lent	**rychlé/pomalé**	riкнlêê/pomalêê
tôt/tard	**brzo/pozdě**	b^{ou}rzo/pozdyè
vieux/jeune	**staré/mladé**	starêê/mladêê
vieux/neuf	**staré/nové**	starêê/novêê

Quantités *Množství*

un peu/beaucoup	**trochu/hodně**	troкнou/hodgnè
peu de/quelques	**málo/několik**	maalo/gnèkolik
beaucoup (sing.)	**moc**	mots
beaucoup (plur.)	**hodně**	hodgnè
plus/moins (que)	**víc/mí (než)**	viits/miign (nèsh)
assez/trop	**to stačí/to je mots**	to statchii/to yè mots

Quelques autres mots utiles *Další užitečná slova*

à	**v**	v
à côté de	**vedle**	vèdlè
après	**po**	po
à travers	**skrz**	ssk^{ou}rss
aucun(e)	**žádný**	jaadnii
au-dessous	**pod**	pot
au-dessus	**nad**	nat
aussi	**také**	takêê
avant	**před**	prchèt
avec	**s**	ss
bientôt	**brzo**	b^{ou}rzo
chez	**u**	ou
dans	**od, v**	ot, v
de	**z**	z
dedans	**vevnitř**	vèvgnitrch
dehors	**venku**	vènnkou
depuis	**od**	ot
derrière	**za**	za
en-bas	**dole**	dolè
en-haut	**nahoru**	na-horou
ensuite	**pak**	pak
entre	**mezi**	mèzi
et	**a**	a
jamais	**nikdy**	gnigdi
jusqu'à	**až do**	aj do
maintenant	**teď**	tèty
mais	**ale**	alè
ou	**nebo**	nèbo
pas	**ne**	nè
pas encore	**ještě ne**	yèchtyè nè
pendant	**během**	byè-hèm
peut-être	**možná**	mojnaa
pour	**pro**	pro
près	**blízko**	bliissko
rien	**nic**	gnits
sans	**bez**	bèss
seulement	**jenom**	yènnom
sous	**pod**	pot
sur	**na**	na
très	**velmi**	vèlmi
vers	**směrem**	ssmyèrèm

Arrivée

Contrôle des passeports *Pasová kontrola*

Voici mon passeport.	**Tady je můj pas.**	tadi yè moûy pass
Je resterai...	**Já se zdržím...**	yaa ssè zd^{ou}rjiim
quelques jours	**několik dnů**	gnèkolik dnoû
une semaine	**týden**	tiidènn
deux semaines	**dva týdny**	dva tiidni
un mois	**měsíc**	myèssiits
Je ne sais pas encore.	**Já ještě nevím.**	yaa yèchtyè nèviim
Je suis ici en vacances.	**Já jsem tady na dovolené.**	yaa ssèm tadi nadovolènêê
Je suis ici pour affaires.	**Já jsem tady na služební cestě.**	yaa ssèm tadi nassloujèbgnii tsèsstyè
Je suis en transit.	**Já jenom projíždím.**	yaa yènnom proyiijdyiim

En cas de problèmes:

Excusez-moi, je ne comprends pas.	**Promiňte, ale já tomu nerozumím.**	promigntè alè yaa tomu nèrozoumiim
Y a-t-il quelqu'un qui parle français?	**Mluví tady někdo francouzsky?**	mlouvii tadi gnègdo franntso-ousski

> **CELNICE**
> A LA DOUANE

Après avoir récupéré vos bagages à l'aéroport (*letiště*), vous avez le choix: suivez le signe vert si vous n'avez rien à déclarer. Ou suivez le signe rouge si vous avez quelque chose à déclarer (excédant les marchandises que vous avez le droit de transporter).

věci k proclení marchandises à déclarer	**nic k proclení** rien à déclarer

Je n'ai rien à déclarer.	**Nemám nic k pro-clení.**	nèmaam gnits k protslègnii
J'ai...	**Mám...**	maam
cartouche de cigarettes	**krabici cigaret**	krabitsi tsigarèt
bouteille de whisky	**láhev visky**	laa-hef visski
C'est pour mon usage personnel.	**To je pro osobní potřebu.**	to yè pro ossobgnii potrchèbu
C'est un cadeau.	**To je dárek.**	to yè daarèk

Váš pas, prosím.	Votre passeport, s'il vous plaît.
Máte něco k proclení?	Avez-vous quelque chose à déclarer?
Otevřete tu tašku.	Pouvez-vous ouvrir ce sac, s.v.p.?
Za tohle musíte zaplatit clo.	Il y a des droits de douane à payer sur cet article.
Máte ještě další zavazadla?	Avez-vous d'autres bagages?

Bagages—Porteur *Zavazadla—Nosiči*

Des porteurs ne sont à votre disposition qu'à l'aéroport, et parfois, dans les gares. Lorsqu'il n'y en a pas, des chariots à bagages sont prévus pour les voyageurs. Vous pouvez aussi demander à votre chauffeur de taxi de vous aider.

Porteur!	**Nosič!**	nossitch
Prenez (ce/mon)..., s.v.p.	**Vezměte prosím (tohle/moje)...**	vèzmyètè prossiim (to-hlè/mo-yè)
bagage	**zavazadlo**	zavazadlo
valise	**kufr**	kouf^{ou}r
sac de voyage	**(cestovní) tašku**	(tsèsstovgnii) tachkou
C'est le mien/la mienne.	**Tohle je moje.**	to-hlè yè mo-yè
Portez ces bagages à la/au...	**Vezměte tato zavazadla...**	vèzmyètè tato zavazadla
bus	**k autobusu**	kaoutoboussou
consigne	**k úschovně zavazadel**	koûss-kнovgnè zavazadèl
taxi	**k taxíku**	ktaxiikou
Combien vous dois-je?	**Kolik to stojí?**	kolik to stoyii
Il en manque un/une.	**Mně chybí jedno zavazadlo.**	mgnè кнibii yèdno zavazadlo
Où sont les chariots à bagages?	**Kde jsou vozíky pro zavazadla?**	gdè sso-ou voziitchki prozavazadla

Change *Výměna peněz*

Où est le bureau de change le plus proche?	**Kde je směnárna?**	gdè yè smyènnaarna
Pouvez-vous changer ces chèques de voyage?	**Vyměňujete cestovní šeky?**	vimyègnou-ètè tsèstovgnii chèki
Je voudrais changer des...	**Chci vyměnit...**	кнtsi vimyègnit
Pouvez-vous changer ceci contre des koruna?	**Mohl[a] byste vyměnit tyto peníze za koruny?**	moh^{ou}l [mo-hla] bisstè vimyègnit tito pègniize zakorunni

| Quel est le taux de change? | **Jaký je kurs?** | yakii yè kourss |

Où est...? *Kde je...?*

Où est...?	**Kde je...?**	gdè yè
bureau des réservations	**pokladna**	pokladna
kiosque à journaux	**novinový stánek**	novinnovii sstaannèk
magasin hors-taxe	**obchod bez cla**	opкноd bèss-tsla
restaurant	**restaurace**	rèssta-ouratse
Comment puis-je aller à/au...?	**Jak se dostanu do...?**	yak ssè dostannou do
Y a-t-il un bus pour aller en ville?	**Jede odsud autobus do města?**	yèdè otssoud aoutobouss domyèsta
Où puis-je trouver un taxi?	**Kde seženu taxi?**	gdè ssèjènnou taxi
Où puis-je louer une voiture?	**Kde si mohu pronajmout auto?**	gdè ssi mo-hu pronnaymoout aouto

Réservation d'hôtel *Hotelová rezervace*

Avez-vous un guide des hôtels?	**Máte seznam hotelů?**	maatè ssèznam hotèloů
Pourriez-vous me réserver une chambre?	**Mohl[a] byste mi rezervovat pokoj?**	moh^{ou}l [mo-hla] bisstè mi rèzèrvovat pokoy
dans le centre-ville	**v centru**	ftsènntru
près de la gare	**poblíž nádraží**	pobliij naadrajii
une chambre à un lit	**jednolůžkový pokoj**	yèdnoloůchkovii pokoy
une chambre pour deux personnes	**dvoulůžkový pokoj**	dvo-ouloůchkovii pokoy
pas trop chère	**ne mots drahý**	nè mots dra-hii
Où se trouve l'hôtel?	**Kde je ten hotel?**	gdè yè tènn hotel
Avez-vous un plan de la ville?	**Máte mapu města?**	maatè mapou myèsta

Location de voitures *Půjčovna aut*

Les compagnies de location de voitures ont des bureaux à l'aéroport international de Prague, ainsi que dans les grands hôtels et les gares. Vous pouvez aussi louer un véhicule par l'intermédiaire de l'office du tourisme ou de votre hôtel. Il vous faudra probablement un permis de conduire international, et la façon la plus pratique de payer est par carte de crédit.

N. B. Il est interdit de conduire avec la moindre goutte d'alcool dans le sang.

Je voudrais louer une voiture.	**Rád(a) bych si pronajmul... auto.**	raad(a) biкн ssi pronnaymoul... aouto
petite	**malé**	malêê
moyenne	**středně velké**	sstrchèdgnè velkêê
grande	**velké**	velkêê
à vitesses automatiques	**auto s automatickou rychlostí**	aouto ssaoutomaticko-ou riкнlostyii
Je la voudrais pour un jour/une semaine.	**Chci ho na jeden den/na týden.**	кнtsi ho nayèdènn dènn / natiidènn
Y a-t-il des forfaits pour le week-end?	**Jaké máte zařízení na víkend?**	yakêê maatè zarchiizegnii naviikennt
Avez-vous des tarifs spéciaux?	**Máte speciální sazby?**	maatè sspètsiaalgnii ssazbi
Quel est le tarif par jour/semaine?	**Kolik to stojí na den/na týden?**	kolik to sstoyii nadènn / natiidènn
Est-ce-que le kilométrage est compris?	**Je to včetně poplatku za kilometr?**	yè to ftchètgnè poplatkou zakilomèt^{ou}r
Quel est le tarif par kilomètre?	**Kolik je sazba za kilometr?**	kolik yè ssazba zakilomèt^{ou}r
J'aimerais laisser la voiture à...	**Chtěl(a) bych to auto nechat v...**	кнtyèl(a) biкн to aouto neкнat v
Je voudrais une assurance tous risques.	**Chci plné pojištění.**	кнtsi p^{ou}lnêê po-yichtyègnii
Quel est le montant de la caution?	**Kolik musím dát zálohy?**	kolik moussiim daat zaalo-hi
J'ai une carte de crédit.	**Mám úvěrovou kartu.**	maam oûvyèrovo-ou kartu
Voici mon permis de conduire.	**Tady je můj řidičský průkaz.**	tadi yè moûy rchidyitchsskii proûkass

Taxi *Taxi*

L'endroit le plus sûr pour trouver un taxi est la file de taxis située en général à la sortie des hôtels, des gares et des grands magasins. Le taximètre indique le prix de la course, mais il se peut que l'on vous fasse payer un supplément pour sortir de la ville. Il est donc conseillé d'indiquer votre destination avant d'embarquer dans le taxi.

Il est d'usage de laisser un pourboire en sus de la somme affichée par le taximètre.

Où puis-je trouver un taxi?	**Kde najdu taxi?**	gdè naydou taxi
Où est la station de taxis?	**Kde je stanoviště taxi?**	gdè yè sstannovichtyè taxi
Pourriez-vous m'appeler un taxi?	**Mohl[a] byste mi zavolat taxi?**	moh^{ou}l [mo-hla] bisstè mi zavolat taxi
Quel est le tarif pour…?	**Kolik to stojí do…?**	kolik to stoyii do
A quelle distance se trouve…?	**Jak daleko je to do…?**	yak dalèko yè to do
Conduisez-moi…	**Zavezte mne…**	zavèsstè mnè
à cette adresse	**na tuto adresu**	natouto adressou
à l'aéroport	**na letiště**	nalètichtyè
au centre-ville	**do středu města**	dosstrchèdou myèsta
à l'hôtel…	**do Hotelu…**	do-hotelou
à la gare	**na nádraží**	nannaadrajii
Tournez à… au prochain coin de rue.	**Zahněte… u přístího rohu.**	za-hgnete… ou prchiichtyiiho ro-hou
gauche/droite	**vlevo/vpravo**	vlevo/fpravo
Continuez tout droit.	**Jeďte rovně.**	yètytè rovgnè
Arrêtez-vous ici, s.v.p.	**Zastavte tady prosím.**	zasstaftè tadi prossiim
Je suis pressé(e).	**Spěchám.**	sspyèкнaam
Pourriez-vous m'aider à porter mes bagages?	**Můžete mi pomoci s mými zavazadly?**	moûjètè mi pomotsi ssmiimi zavazadli
Pourriez-vous m'attendre?	**Mohl byste na mne počkat?**	moh^{ou}l bisstè namnè potchkat
Je reviens dans dix minutes.	**Já se vrátím za deset minut.**	yaa ssè vraatyiim zadèssèt minut

Hôtel—Logement

Réservez votre logement longtemps à l'avance, car les principaux hôtels sont bien souvent complets. Les périodes les plus chargées sont l'été, et lorsque se déroulent des foires commerciales internationales, en particulier à Prague.

Hotel
(hotèl)

Selon la quantité et la qualité des services qu'ils offrent, les hôtels sont officiellement classés A* de luxe (les meilleurs), puis A*, B*, B et enfin C (pour les hôtels de base).

Interhotel
(innterhotèl)

Ces hôtels de grand standing proposent des chambres luxueuses et les services dont les hommes d'affaires ont besoin (interprètes, secrétaires, fax). Ils disposent aussi de leurs propres magasins et de bars et restaurants multiples.

Botel
(botèl)

Plutôt que de loger dans un hôtel conventionnel, pourquoi ne pas essayer un bateau reconverti? Il en existe plusieurs à Prague, amarrés le long de la Vltava et classés trois étoiles.

Motel
(motèl)

Pour les automobilistes, il existe quelques motels dont les prix correspondent en général à ceux des hôtels classés B*.

Chatové osady
(кHatovêê ossadi)

Ces chambres, que l'on trouve principalement en Slovaquie, sont classées A*, A ou B. Comme il faut souvent payer pour tous les lits dans la chambre (en général 2 ou 4), elles peuvent s'avérer chères pour ceux qui voyagent seuls.

Mládežnická ubytovna
(mlaadèjgnickaa oubitovna)

Bien qu'il n'y ait pas à proprement parler de réseau d'auberges de jeunesse, certains logements s'adressent exclusivement aux jeunes de moins de 30 ans, comme, par exemple, la chaîne des *Juniorhotel*.

Pensión
(pennziaunn)

Une liste de maisons d'hôtes agréées peut être obtenue auprès de l'office du tourisme local. Dans les rues, les panneaux (en général en allemand) indiquent les chambres disponibles chez l'habitant. Il se peut que votre hôte préfère être payé en devises étrangères.

Sanatorium (sannatorioum)	Karlovy Vary (Carlsbad) est depuis longtemps célèbre pour ses sources d'eau minérale, mais il existe plus de 35 villes thermales dans les Républiques tchèque et slovaque. Pour tout traitement, adressez-vous à l'office gouvernemental des stations thermales, à Balnea.	
Turistická ubytovna (tourisstistkaa oubitovna)	Auberges avec dortoirs, rarement équipées de cuisines. Deux catégories selon le nombre de lits par chambrée.	
Pouvez-vous me recommander un hôtel/une pension?	**Mohl[a] byste mi doporučit hotel/ pensión?**	moh^{ou}l [mo-hla] bisstè mi doporoutchit hotèl/ penziaunn
Y a-t-il des appartements libres?	**Jsou tady nějaké volné byty?**	sso-ou tadi gnèyakêê volnêê biti

A la réception *Registrace*

Je m'appelle…	**Jmenuji se…**	mènnou-yi ssè
J'ai réservé.	**Mám rezervaci.**	maam rezervatsi
Nous avons réservé deux chambres.	**Máme zamluvené dva pokoje.**	maame zamlouvennêê dva poko-yè
Voici la confirmation.	**Tady je to potvrzení.**	tadi yè to potv^{ou}rzègnii
Avez-vous encore des chambres libres?	**Máte volný pokoj?**	maatè volnii pokoy
Je voudrais une…	**Chtěl(a) bych…**	кнtyèl(a) biкн
chambre à un lit	**jednolůžkový pokoj**	yèdnoloûchkovii pokoy
chambre pour deux personnes	**dvoulůžkový pokoj**	dvo-ouloûchkovii pokoy
Nous voudrions une chambre avec…	**Rádi bychom pokoj…**	raadyi biкнom pokoy
lits jumeaux	**se dvěma posstelemi**	ssèdvyèma postèlèmi
grand lit	**se dvojitou postelí**	ssèdvo-yito-ou posstèlii
salle de bains	**s koupelnou**	ssko-oupèlno-ou
douche	**se sprchou**	ssèssp^{ou}rкнo-ou
balcon	**s balkónem**	ssbalkaunnem
vue	**s vyhlídkou**	ssvi-hliitko-ou
sur la rue	**na přední straně**	naprchèdgnii sstragnè
sur la cour	**na zadní straně**	nazadgnii sstragnè
Elle doit être calme.	**Musí být tichý.**	moussii biit tyiкнii

DÉPART, voir page 31

Y a-t-il…?	Má to…?	maa to
blanchisserie	prádelní službu	praadèlnii sloujbou
climatisation	klimatizaci	klimatizatsi
des toilettes dans la chambre	soukromou toaletu	sso-oukromo-ou toaletou
eau chaude	horkou vodu	horko-ou vodou
eau courante	tekoucí vodu	tèko-outsii vodou
piscine	plavecký bazén	plavetskii bazêênn
radio/télévision dans la chambre	radio/televizi v pokoji	radio/tèlèvizi fpoko-yi
service d'étage	pokojovou službu	poko-yovo-ou sloujbou
Pourriez-vous mettre un lit supplémentaire dans la chambre?	Mohli byste nám dát jednu extra postel?	mo-hli bisstè naam daat yèdnou èxtra postèl

Combien? *Kolik?*

Combien coûte…?	Kolik to stojí…?	kolik to stoyii
par jour	na den	nadènn
par semaine	na týden	natiidènn
pour la chambre et le petit déjeuner	na noc se snídaní	nannots ssèssgniidagnii
sans les repas	bez jídla	bezyiidla
la pension complète	se všemi jídly	ssèfchèmi yiidli
la demi-pension	s večeří	ssvètchèrhii
Est-ce-que cela comprend le/la…?	Zahrnuje to…?	za-h⁰ᵘrnou-yè to
petit déjeuner	snídaní	sgniidagni
service	službu	sloujbou
Y a-t-il une réduction pour enfants?	Máte slevu pro děti?	maate sslèvou pro dyètyi
Faut-il payer pour le bébé?	Musíme platit za to miminko?	moussiimè platyit zato miminnko
C'est trop cher.	To je moc drahé.	to yè mots dra-hêê
Avez-vous quelque chose de moins cher?	Nemáte něco laci-nějšího?	nèmaatè gnètso latsignèychii-ho

Pour combien de temps? *Jak dlouho?*

Nous resterons…	Zůstaneme…	zoûstanèmè
une nuit seulement	na jednu noc	nayèdnou nots
quelques jours	několik dnů	gnèkolik dnoû
une semaine (au moins)	týden (nejméně)	tiidènn nèymêêgnè
Je ne sais pas encore.	Ještě nevím.	yèchtyè nèviim

Décision *Rozhodnutí*

Puis-je voir la chambre?	**Mohl(a) bych se podívat na ten pokoj?**	moh^(ou)l (mo-hla) bɪkʀ ssè podyiivat natènn pokoy
C'est bien. Je la prends.	**To je v pořádku. Já si ho vèzmu.**	to yè fporchaatku. yaa ssi ho vezmou
Non. Elle ne me plaît pas.	**Mně se nelíbí.**	mgnè ssè nèliibii
Elle est trop...	**Je moc...**	yè mots
froide/chaude	**studený/horký**	sstudènnii/horkii
sombre/petite	**tmavý/malý**	tmavii/malii
bruyante	**hlučný**	hloutchnii
J'ai demandé une chambre avec bain.	**Já jsem chtěl(a) pokoj s koupelnou.**	yaa ssèm кнtyèl(a) pokoy ssko-oupèlno-ou
Avez-vous quelque chose de...?	**Máte něco...?**	maatè gnètso
mieux	**lepšího**	lèpchiiho
moins cher	**lacinějšího**	latsignèychiiho
plus calme	**tiššího**	tyichiiho
plus grand	**většího**	vyètchiiho
Avez-vous une chambre avec une plus belle vue?	**Máte pokoj s lepší vyhlídkou?**	maatè pokoy sslèpchii vihliitkou

Enregistrement *Registrace*

A votre arrivée à l'hôtel, on vous demandera de remplir une fiche (*registrační formulář*—règistratchnii formoulaarr).

Jméno/Křestní jméno	Nom/Prénom
Trvalé bydliště/Ulice/Číslo	Lieu de résidence/rue/numéro
Národnost/Zaměstnání	Nationalité/Profession
Datum/Místo narození	Date/Lieu de naissance
Příjezd od/odjezd do	Venant de.../à destination de...
Číslo pasu	Numéro de passeport
Místo/Datum	Lieu/Date
Podpis	Signature

| Qu'est-ce-que cela veut dire? | **Co to znamená?** | tso to znaménnaa |

Ukažte mi, prosím, pas.	Puis-je voir votre passeport, s.v.p.?
Mohl[a] byste vyplnit tento registrační formulář?	Pourriez-vous remplir cette fiche?
Tady se, prosím, podepište.	Signez ici, s.v.p.
Jak dlouho tady zůstanete?	Combien de temps resterez-vous?

Quel est le numéro de ma chambre?	**Jaké mám číslo pokoje?**	yakêê maam tchiisslo poko-yè
Pouvez-vous faire monter nos bagages?	**Přinesete nám zavazadla?**	prchinnèssètè naam zavazadla
Où puis-je garer ma voiture?	**Kde můžu zaparkovat?**	gdè moûjou zaparkovat
L'hôtel a-t-il un garage/parking?	**Má tento hotel garáž/parkoviště?**	maa tènnto hotèl garaaj / parkovichtye
Je voudrais déposer ceci dans le coffre-fort de l'hôtel, s.v.p.	**Chci nechat tyto věci v hotelovém sejfu.**	кнtsi nèкнat tito vyètsi vhotèlovêêm ssèyfou

Personnel hôtelier *Hoteloví zaměstnanci*

concierge	**nosič**	nossitch
femme de chambre	**komorná**	komornaa
directeur	**ředitel**	rchèdyitèl
portier	**nosič**	nossitch
réceptionniste	**recepční**	rètsèptchnii
standardiste	**centrála**	tsenntraala
serveur	**číšník**	tchiichgniik
serveuse	**číšnice**	tchiichgnitse

HEURES, vour page 153/PETIT DÉJEUNER, page 40

Questions d'ordre général *Základní potřeby*

La clé de la chambre ... , s.v.p.	**Klíč na pokoj ..., prosím.**	kliitch napokoy ... prossiim
Pourriez-vous me réveiller à ... , s.v.p.?	**Mohl[a] byste mě vzbudit ve ... prosím?**	moh°ul [mo-hla] bisstè mgnè vzboudyit vè ... prossiim
A quelle heure servez-vous le petit déjeuner/déjeuner/dîner?	**Kdy se podává snídaně/oběd/večeře?**	gdi ssè podaavaa ssgniidagnè/obyèt/vètchèrschè
Pouvons-nous prendre le petit déjeuner dans notre chambre, s.v.p.?	**Mohu snídat v pokoji?**	mo-hou ssgniidat fpoko-yi
Y a-t-il une salle de bains à cet étage?	**Je na tomto patře koupelna?**	yè natomto patrchè koupèlna
Quel est le voltage?	**Jak je tu napětí?**	yakê̄ jè tou napyètyii
Où est la prise pour rasoirs?	**Kde je zástrčka na holicí strojèk?**	gdè yè zaast°urtchka na-holitsii sstro-yek
Pouvez-vous me procurer un/une ...?	**Mohl[a] byste mi sehnat ...?**	moh°ul [mo-hla] bisstè mi ssè-hnat
garde d'enfants	**hlídání dětí**	hliidaagnii dyètyii
machine à écrire	**psací stroj**	pssatsii sstroy
secrétaire	**sekretářku**	ssèkrètaarchkou
Puis-je avoir ...?	**Můžete mi dát ...?**	moûjètè mi daat
aiguille et du fil	**jehlu a nit**	yè-hlou a gnit
bouillotte	**ohřívací láhev**	o-hrchiivatsii laa-hèf
cendrier	**popelník**	popèlgniik
cintres (supplémentaires)	**(víc) ramínek**	(viits) ramiinnèk
couverture (supplémentaire)	**(víc) dek**	(viits) dèk
enveloppes	**obálky**	obaalki
glaçons	**ledové kostky**	lèdovêê kostki
lampe de chevet	**noční lampu**	notchgnii lampou
oreiller (supplémentaire)	**(víc) polštářů**	(viits) polchtaarchoû
papier à lettres	**dopisní papír**	dopissgnii papiir
savon	**mýdlo**	miidlo
serviette de bain	**velký ručník**	velkii routchgniik

Où est…?	Kde je…?	gdè yè
ascenseur	**vytah**	viitakh
coiffeur	**kadeřnictví**	kadèrchgnitstvii
salle à manger	**jídelna**	yiidèlna
salle de bain	**koupelna**	ko-oupèlna
sortie de secours	**nouzový východ**	no-ouzovii viiкноt
Où sont les toilettes?	**Kde jsou toalety?**	gdè sso-ou toalèti

Téléphone—Courrier *Telefon—Pošta*

Pouvez-vous me passer le 123-45-67 à Prague?	**Můžete mne spojit s Prahou 123-45-67?**	moûjètè mnyè spo-yit spra-ho-ou 123-45-67
Avez-vous des timbres?	**Máte známky?**	maatè znaamki
Pouvez-vous poster ceci pour moi, s.v.p.?	**Mohl[a] byste tohle pro mě poslat?**	moh°ul [mo-hla] bisstè tohlè promgnè posslat
Y a-t-il des lettres pour moi?	**Máte pro mě nějaké dopisy?**	maatè promgnè gnèyakêê dopissi
Y a-t-il des messages pour moi?	**Jsou tady pro mě nějaké zprávy?**	sso-ou tadi promgnè gnèyakêê sspraavi
A combien s'élève ma note de téléphone?	**Kolik je můj telefonní účet?**	kolik yè moûy tèlèfognii oûtchèt

Difficultés *Problémy*

Le/la… ne marche pas.	**Nefunguje…**	nèfounngou-yè
bidet	**bidet**	bidêê
chauffage	**topení**	topègnii
climatisation	**klimatizace**	klimatizatsè
lumière	**světlo**	ssvyètlo
radio	**rádio**	raadio
télévision	**televize**	tèlèvizè
ventilateur	**větrák**	vyètraak
Le robinet fuit.	**Kohoutek kape.**	ko-ho-outèk kapè
Il n'y a pas d'eau chaude.	**Neteče teplá voda.**	nètètchè tèplaa voda
Le lavabo est bouché.	**Umyvadlo je ucpané.**	oumivadlo yè outspannêê
La fenêtre est bloquée.	**Okno je zaražené.**	okno yè zarajènnêê

POSTE ET TÉLÉPHONE, voir page 132

Les rideaux sont coincés.	**Záclony jsou zara- žené.**	zaatslonni sso-ou zarajènnêê
L'ampoule est grillée.	**Žárovka je prasklá.**	jaarofka yè prassklaa
Mon lit n'a pas été fait.	**Mně nikdo neustlal.**	mgnè gnigdo nèousstlal
Le/la... est cassé(e).	**Je pokažená...**	yè pokajènnaa
interrupteur	**vypínač**	vipiinnatch
lampe	**lampa**	lampa
prise	**zástrčka**	zaasst^{ou}rtchka
store	**roleta**	rolèta
volet	**okenice**	okègnitsè
Pouvez-vous le/la faire réparer?	**Můžete to spravit?**	moûjètè to sspravit

Blanchisserie—Teinturerie *Prádelna—Čistírna*

Je voudrais faire... ces vêtements.	**Tyhle šaty bych chtěl(a)...**	ti-hlè chati biκH κHtyèl(a)
laver	**vyprat**	viprat
nettoyer	**vyčistit**	vitchisstyit
repasser	**vyžehlit**	vijè-hlit
Quand seront-ils prêts?	**Kdy to bude hotové?**	gdi to boudè hotovêê
Il me les faut pour...	**Já to potřebuji...**	yaa to potrchèbou-yi
aujourd'hui	**dnes**	dnèss
ce soir	**dnes večer**	dnèss vètchèr
demain	**zítra**	ziitra
avant vendredi	**do pátku**	dopaatkou
Pouvez-vous... ceci?	**Můžete tohle...?**	moûjètè to-hlè
raccommoder	**spravit**	sspravit
recoudre	**sešít**	ssèchiit
repriser	**záplatovat**	zaaplatovat
Pouvez-vous recoudre ce bouton?	**Můžete mi přišít knoflík?**	moûjètè mi prchichiit knofliik
Pouvez-vous enlever cette tache?	**Můžete vyčistit tuhle skvrnu?**	moûjètè vitchisstyit tou-hle skv^{ou}rnou
Mon linge est-il prêt?	**Je moje prádlo hotové?**	yè mo-yè praadlo hotovêê
Ce n'est pas à moi.	**Tohle není moje.**	to-hlè nègnii mo-yè
Il manque quelque chose.	**Něco tady chybí.**	gnètso tadi κHibii
Il y a un trou.	**V tomhle je díra.**	ftom-hlè yè dyiira

JOURS DE LA SEMAINE, voir page 151

Coiffeur—Institut de beauté *Kadeřnictví—Holič*

Y a-t-il un coiffeur/institut de beauté à l'hôtel?	**Máte v hotelu kadeřnictví?**	maatè vhotèlou kadèrchgnitstvii
Puis-je prendre rendez-vous pour jeudi?	**Můžu se zamluvit na čtvrtek?**	moûjou ssè zamlouvit natchtvᵒᵘrtèk
Je voudrais une coupe et un brushing.	**Chtěla bych ostříhat a vyfoukat.**	кнtyèl(a) biкн osstrchiihat a vifo-oukat
Je voudrais une coupe de cheveux, s.v.p.	**Chci se nechat ostříhat.**	кнtsi ssè nèкнat ostrchiihat
avec une frange	**s ofinou**	ssofinno-ou
brushing	**foukaná**	fo-oukannaa
couleur	**přeliv**	prchèlif
décoloration	**odbarvit**	odbarvit
fixatif	**tužidlo**	toujidlo
gel	**pomáda**	pomaada
manucure	**manikúra**	mannikoûra
masque de beauté	**masku**	maskou
permanente	**trvalá**	tᵒᵘrvalaa
shampooing et mise en plis	**umýt a natočit**	umiit a natotchit
teinture	**obarvení**	obarvègnii
Je voudrais un shampooing pour cheveux...	**Chtěl(a) bych šampón na... vlasy.**	кнtyèl(a) biкн champaunn na... vlassi
normaux/secs/gras	**normální/suché/mastné**	normaalgnii/ssouкнêê/masstnêê
Avez-vous un nuancier?	**Máte ukázky barvy?**	maatè oukahsski barvi
Ne les coupez pas trop courts.	**Ne moc na krátko.**	nè mots nakraatko
Coupez-en encore un peu plus sur...	**Trochu víc ubrat...**	troкнou viits oubrat
derrière	**vzadu**	vzadou
dessus	**nahoře**	na-horchè
la nuque	**na krku**	nakᵒᵘrkou
les côtés	**na stranách**	nastrannaaкн
Je ne veux pas de laque.	**Nechci žádný lak.**	neкнtsi jaadnii lak

JOURS DE LA SEMAINE, voir page 151

Pourriez-vous me raser.	Chtěl bych oholit.	кнtyèl biкн o-holit
Pourriez-vous m'égaliser..., s.v.p.?	Můžete přistřihnout moje...	moûjètè prchistrchi-hnoout mo-yè
barbe	vousy	fo-oussi
moustache	kníry	kgniiri
favoris	licousy	litso-oussi

Départ *Odchod*

Puis-je avoir ma note, s.v.p.?	Prosím účet.	prossiim oûtchèt
Je pars tôt demain matin.	Odjíždím zítra brzo ráno.	odyiijdyiim ziitra b°urzo raanno
Pourriez-vous me préparer la note, s.v.p.?	Připravte mi prosím účet.	prchipraftè mi prossiim oûtchèt
Nous partirons vers midi.	My budeme odjíždět kolem poledne.	mi boudèmè odyiijdyèt kolèm polèdnè
Je dois partir tout de suite.	Musím odjet okamžitě.	moussiim odyèt okamjityè
Tout est compris?	Započítal jste všechno?	zapotchiital sste fchèкнno
Puis-je payer par carte de crédit?	Můžu platit úvěrovou kartou?	moûjou platyit oûvyèrovo-ou karto-ou
Je crois que vous avez fait une erreur sur la note.	Myslím, že v tom účtu je chyba.	missliim jè ftom oûtchtou yè кнiba
Pouvez-vous nous appeler un taxi?	Můžete nám objednat taxi?	moûjètè naam obyèdnat taxi
Pourriez-vous faire descendre nos bagages?	Mohli byste nám snést zavazadla?	mo-hli bisstè naam ssnéésst zavazadla
Voici notre future adresse.	Tady je naše adresa.	tadi yè nachè adrèssa
Vous avez notre adresse habituelle.	Vy máte naši domácí adresu.	vi maatè nachi domaatsii adrèssou
Notre séjour a été très agréable.	Moc se nám tady líbilo.	mots ssè naam tadi liibilo

Camping *Stanování*

Des campings traditionnels (*stanový tábor* — stanovii taabor) et d'autres, qui accueillent les camping-cars (*autokempink*) sont prévus pour les vacanciers économes. Ils sont classés en quatre catégories selon les équipements qu'ils offrent, mais même les plus rudimentaires (une étoile *) disposent de toilettes et d'eau courante. Afin de préserver l'environnement, le camping sauvage est interdit.

Y a-t-il un camping près d'ici?	**Je tu blízko kempink?**	yè tou bliissko kèmpinnk
Pouvons-nous camper ici?	**Můžeme tady stanovat?**	moûjèmè tadi stannovat
Avez-vous de la place pour une tente/une caravane?	**Máte místo pro stan/pro obytný přívěs?**	maatè miisto pro stann/pro obitnii prchiivyèssèk
Quel est le tarif...?	**Kolik to stojí...?**	kolik to stoyii
par jour	**za den**	zadenn
par personne	**za osobu**	za-ossobou
pour une voiture	**za auto**	za-aouto
pour une tente	**za stan**	zasstann
pour une caravane	**za obytný přívěs**	za-obitnii prchiivyèssèk
La taxe de séjour est-elle comprise?	**Je to včetně turistické daně?**	yè to ftchègnè touristickéê dagnè
Y a-t-il...?	**Je tady/jsou tady...?**	yè tadi/sso-ou tadi
eau potable	**pitná voda**	pitnaa voda
électricité	**elektřina**	èlèktrchinna
jeux pour enfants	**dětské hřiště**	dyètskêê hrchiichtyè
magasins	**obchod**	opкнот
piscine	**koupaliště**	ko-oupalichtyè
restaurant	**restaurant**	rèsstaourannt
Où sont les douches/toilettes?	**Kde jsou sprchy/záchody?**	gdè sso-ou ssp^{ou}rкнi/zaaкноdi
Où puis-je trouver du gaz butane?	**Kde můžu sehnat kempinkový plyn?**	gdè moûjou ssè-hnat kèmpingovii plinn
Y a-t-il une auberge de jeunesse près d'ici?	**Je tady poblíž mládežnická ubytovna?**	yè tadi pobliij mlaadèjgnitskaa oubitovna

MATÉRIEL DE CAMPING, voir page 109

Restaurants

Vous pourrez prendre un repas ou un verre dans de nombreux endroits, allant du snack-bar au restaurant de luxe servant de la cuisine internationale, en passant par l'auberge traditionnelle.

Buffet
(bou-fèt)

Buffet de restauration rapide que l'on trouve surtout dans les gares ferroviaires et routières. On y vend aussi bien des cigarettes et des biscuits que des canapés.

Cukrárna
(tsoukraarna)

Pâtisserie/salon de thé servant une excellente variété de gâteaux fourrés, à la crème, et aux choux. On y sert un bon café, souvent accompagné d'un verre d'eau à la façon viennoise, ainsi que des glaces. Toutes les pâtisseries ne disposent pas d'un salon de thé.

Hospoda
(hosspoda)

Le restaurant traditionnel, servant de la nourriture bonne et bon marché et de la bière pression. Ces tavernes locales sont connues sous le nom de *hostinec* (hostinèts) ou de *krčma* (k^{ou}rtchma) en Slovaquie.

Kavárna
(kavaarna)

Café où l'on sert aussi des boissons sans alcool, de l'eau minérale et des pâtisseries. Dans certains des plus vieux établissements, les journaux peuvent être lus dans des cadres en bois qui manifestement, sont passés entre plus de deux mains!

Pivnice
(pivgnitsè)

La brasserie tchèque est l'endroit idéal pour déguster de la bonne bière; la plupart du temps, on peut aussi y prendre un repas. Le mobilier est généralement spartiate, mais l'atmosphère compense le décor.

Restaurace
(rèsstaouratsè)

Le terme générique pour tous les restaurants, classés selon leur emplacement, leurs installations et la nourriture qu'ils servent, en 4 catégories (*I-IV cenová*), I étant la meilleure. La catégorie est toujours indiquée en haut du menu, sous l'enseigne du restaurant. De plus en plus de restaurants se spécialisent dans la cuisine étrangère — chinoise, italienne, française, hongroise, etc. — et leurs menus sont en général traduits en allemand et en anglais.

Rychlé občerstvení (riKHlêê optchèrsstvègnii)	Etablissement de restauration rapide debout, servant une variété de snacks salés, de gâteaux, de boissons froides et chaudes, de bières pression et d'alcools.
Samoobsluha (ssamo-opsslou-ha)	Le self-service, aussi appelé *automat*, est le restaurant le meilleur marché. On y sert en général au moins un plat savoureux.
Vinárna (vinnaarna)	Bar où l'on sert du vin, ouvert toute la journée (*denni vinárna*) ou le soir (*nočni vinárna*). Certains appartiennent à des coopératives vinicoles et ne servent que leur propre vin.

Heures des repas *Kdy jíst*

La nourriture et les boissons sont servies à toute heure de la journée, et mis à part dans les restaurants de luxe, on ne vous proposera pas de menus fixes. Il est possible de manger simplement une soupe ou un repas froid à n'importe quel moment de la journée, après 13 h.

Petit déjeuner - *snídaně* - à partir de 5 h 30 dans les snack-bars
à partir de 7 h 30 ailleurs

Déjeuner - *oběd* - de 11 h à 15 h

Dîner - *večeře* - de 18 h à 22 ou 23 h

La journée de travail commençant tôt dans les Républiques tchèque et slovaque, les gens ont tendance à prendre le petit déjeuner tôt.

La cuisine tchèque et slovaque *Česká i slovenská kuchyně*

Les Tchèques sont fiers de leur cuisine et de leur bière, et ce sont de bons vivants. La nourriture traditionnelle est souvent comparée à celle du Sud de l'Allemagne, mais il y a beaucoup de spécialités tchèques. Les plus connues sont les *knedlíky*, boulettes qui accompagnent les plats en sauce, et qui en fait, remplacent le riz, les pâtes ou les pommes de terre. Cependant, elles ont aussi fait leur apparition au dessert, sous forme d'une pâte sucrée enrobant des fruits, bouillie et servie avec du sucre et de la crème aigre. Si vous voyez *Meruňkové* ou *Švestkové knedlíky* (boulettes aux abricots ou aux prunes) sur un menu, oubliez vos kilos en trop et laissez-vous tenter par ce succulent dessert.

La cuisine végétarienne (*zeleninová jídla*) est de plus en plus répandue dans les restaurants. Le choix est souvent très limité, mais ne manquez pas de goûter aux excellentes lentilles en sauce aigre-douce.

Les salamis et les saucisses sont très bons et populaires, et un vaste choix vous est offert. Dans la rue, des kiosques vendent des saucisses chaudes avec de la moutarde, à la manière des wurst allemandes. Cependant, l'influence de la cuisine hongroise se fait plus ressentir que celle de la cuisine allemande, dans les goulash et les assaisonnements aux poivrons et au paprika.

Co si přejete?	Que désirez-vous?
Můžu vám doporučit…	Je vous recommande…
Co chcete k pití?	Que désirez-vous boire?
Nemáme…	Nous n'avons pas de…
Chtěli byste…?	Désirez-vous…?

Avez-vous faim? *Máte hlad?*

J'ai faim/J'ai soif.	**Mám hlad/Mám žízeň.**	maam hlat/maam jiizègn
Pouvez-vous me recommander un bon restaurant?	**Můžete nám doporučit dobrou restauraci?**	moûjètè naam doporoutchit dobro-ou rèssaouratsi
Y a-t-il de bons restaurants à prix modérés dans les environs?	**Jsou tu blízko nějaké lacinější restaurace?**	sso-ou tou bliissko gnèyakêê latsinêê rèsstaouratsè

Si vous avez l'intention de manger dans un restaurant renommé, mieux vaut réserver une table à l'avance.

Je voudrais réserver une table pour 4.	**Chci si zamluvit stůl pro 4.**	KHtsi ssi zamlouvit sstoûl pro tchtirchi
Nous viendrons à huit heures.	**Přijdeme v 8 hodin.**	prchiidèmè fossoum hodyinn

Pourrions-nous avoir une table... ?	**Máte volný stůl...?**	maatè volnii stoûl
dans le coin	**v rohu**	vro-hou
près de la fenêtre	**u okna**	ou-okna
dehors	**venku**	vènnkou
sur la terrasse	**na terase**	natèrassè
dans le coin non-fumeur	**v nekuřácké části**	vnèkourchaatsskêê tchaasstyi

Questions et commandes *Žádosti a objednávky*

Mademoiselle!	**Pane vrchní/ Slečno!**	pannè v^{ou}rchgnii/sslètchno
Je voudrais quelque chose à manger/à boire.	**Chtěl(a) bych něco k jídlu/k pití.**	кнtyèl(a) biкн gnètso kyiidlou/kpityii
Puis-je avoir la carte s'il vous plaît?	**Prosím jídelní lístek.**	prossiim yiidèlgnii liisstèk
Avez-vous un menu à prix fixe/des spécialités régionales?	**Máte standardní menu/místní speciality?**	maatè sstanndardgnii mènnou/miisstgnii sspètsialiti
Que conseillez-vous?	**Co nám doporučujete?**	tso naam doporoutchou-yètè
Avez-vous quelque chose qui soit prêt rapidement?	**Máte něco rychlého?**	maatè gnètso riкнlêê-ho
Je suis pressé(e).	**Mám naspěch.**	maam nasspyèкн
Je voudrais...	**Chtěl(a) bych...**	кнtyèl(a) biкн
Pourriez-vous nous apporter un/une..., s'il vous plaît?	**Mohl[a] byste mi dát...?**	moh^{ou}l [mo-hla] bisstè mi daat
assiette	**talíř**	taliirch
cendrier	**popelník**	popèlgniik
couteau	**nůž**	noûch
cuillère/cuiller	**lžíci**	ljiitsi
fourchette	**vidličku**	vidlitchkou
serviette	**ubrousek**	oubro-oussèk
tasse	**šálek**	chaalèk
verre	**sklenici**	ssklègnitsi
Puis-je avoir...?	**Přineste mi prosím...**	prchinnèsstè mi prossiim
assaisonnement	**koření**	korchègnii
beurre	**máslo**	maasslo

citron	**citrón**	tsitraunn
huile	**olej**	olèy
pain	**chleba**	ĸнlèba
poivre	**pepř**	pèprch
sel	**sůl**	ssoûl
sucre	**cukr**	couk^{ou}r
vinaigre	**ocet**	otsèt

Régime spécial *Speciální strava*

Expressions utiles pour ceux qui suivent des régimes spéciaux:

Je suis au régime.	**Mám dietu.**	maam diètou
Je suis végétari-en(ne).	**Jsem vegetarián.**	ssèm vègètariaann
Je ne bois pas d'alcool.	**Nepiju alkohol.**	nèpi-you alkohol
Je ne mange pas de viande.	**Nejím maso.**	nè-yiim masso
Je ne dois pas manger de plats contenant...	**Nesmím jíst nic v čem je...**	nèssmiim yiist gnits ftchèm yè
farine/graisse	**mouka/tuk**	mo-ouka/touk
sel/sucre	**sůl/cukr**	soûl/tsouk^{ou}r
Avez-vous du/de la/des... pour diabétiques?	**Máte... pro diabe-tiky?**	maatè... pro diabètiki
gâteaux	**zákusky**	zaakousski
jus de fruits	**ovocnou šťávu**	ovotsno-ou chtyaavou
un menu spécial	**speciální jídla**	sspètsiaalgnii yiidla
Avez-vous des plats végétariens?	**Máte bezmasá jídla?**	maatè bèzmassaa yiidla
Puis-je avoir... à la place du dessert?	**Mohl[a] bych si dát... místo dezertu?**	moh^{ou}l [mo-hla] biĸн ssi daat... miisto dèzèrtou
Puis-je avoir de l'édulcorant?	**Máte umělé sla-didlo?**	maatè oumyèlêê ssladyidlo

Et...

Je voudrais un peu plus de...	**Já bych si rád při-dal...**	yaa biĸн ssi raat prchidal
Rien qu'une petite portion.	**Jen malou porci.**	yènn malo-ou portsi
Ça suffit, merci.	**Už nic, děkuji.**	ouj gnits dyèkou-yi
Où sont les toilettes?	**Kde jsou toalety?**	gde sso-ou toaleti

Qu'y a-t-il au menu? *Co máte k jídlu?*

La plupart des restaurants ont un menu affiché à l'extérieur, mais rares sont ceux qui servent des menus fixes. Certains plats (en particulier les côtelettes et les steaks) ne sont servis qu'après 18 h (*jídla podávaná po 18. hodině*). Vous trouverez des plats de régime (*dietní jídla*), pour végétariens (*zeleninová jídla*), et pour enfants (*dětská jídla*).

Vous trouverez ci-dessous une liste alphabétique de plats que vous aurez le plus de chances de rencontrer sur un menu tchèque, ainsi que leurs traductions en français. Au restaurant, n'hésitez pas à ouvrir votre guide pour composer votre menu, et si vous êtes perdu, laissez le garçon vous montrer du doigt les plats qui sont disponibles. A cet effet, les pages 36 et 37 vous seront particulièrement utiles.

Pour lire la carte *Jídelní lístek*

Sur la plupart des menus tchèques, la taille des portions est indiquée en grammes, à gauche du plat. Lorsqu'un plat est rayé de la carte, cela signifie qu'il n'est plus disponible.

Hlavní jídla	Plats principaux
Bezmasá jídla	Plats végétariens
Dietní jídla	Plats de régimes
Dětská jídla	Plats pour enfants
Jídla na objednávku	Plats sur commande
Dnes doporučujeme…	Aujourd'hui, nous recommandons…
Přílohy	Plats d'accompagnement
Toto jídlo už nemáme	Ce plat n'est pas disponible

dezerty	dèzèrti	desserts
drůbež	droûbech	volaille
karbanátek	karbannaatèk	hamburger
koryse	koriichè	fruits de mer
kuře	kourchè	poulet
malá jídla	malaa yiidla	repas légers
nápoje	naapo-yè	boissons
ovoce	ovotsè	fruits
pivo	pivo	bière
polévky	polêêfki	potages
předkrmy	prchètk^{ou}rmi	entrées
studené	sstoudènnêê	froids
teplé	tèplêê	chauds
ryby	ribi	poisson
saláty	ssalaati	salades
těstoviny	tyèstovinni	pâtes
vajecná jídla	vayètchnaa yiidla	plats aux œufs
víno	viinno	vin
zákusky	zaakousski	desserts
zelenina	zèlègninna	légumes
zmrzlina	zm^{ou}rzlinna	glace
zvěřina	zvyèrchinna	gibier

Petit déjeuner *Snídaně*

Le petit déjeuner tchèque varie du simple repas - un café et un *loupáček* (une sorte de croissant) - à une collation plus copieuse, avec charcuterie, poitrine fumée et œufs. Composez votre petit déjeuner en utilisant la liste ci-dessous.

Je voudrais prendre le petit déjeuner, s.v.p.	**Prosil(a) bych snídani.**	prossila biкн ssgniidagni
Je prendrai...	**Dám si ...**	daam ssi
céréales	**corn flakes**	korn flèykss
confiture	**džem**	djèm
jambon et œufs	**šunku s vajíčkem**	chounnkou ssvayiitchkèm
jus de fruits	**ovocnou šťávu**	ovotsnou chtyaavou
pamplemousse	** grapefruitovou**	grèypfroutovo-ou
orange	** pomerančovou**	pomèranntchovo-ou
marmelade	**marmeládu**	marmèlaadou
œuf à la coque	**vařené vajíčko**	varchènnêê vayiitchko
œuf mollet/œuf dur	** na měkko/na tvrdo**	namyèko/natvᵒᵘrdo
œufs au bacon	**slaninu s vajíčkem**	sslanninou ssvayiitchkèm
œufs	**vejce**	vèytse
sur le plat	** smažená vejce**	ssmajènnaa yèytse
brouillés	** míchaná vejce**	miiкнannaa vèytse
pochés	** ztracená vejce**	sstratsènnaa vèytsè
toast	**topinku**	topinnkou
yaourt	**jogurt**	yogourt
Puis-je avoir...?	**Chtěl(a) bych ...**	кнtyèl[a] biкн
beurre	**máslo**	maasslo
café	**kávu**	kaavou
décaféiné	** bez kafeinu**	besskafèinnou
noir/au lait	** černou/s mlékem**	tchèrno-ou/ssmlêêkèm
chocolat chaud	**horkou čokoládu**	horko-ou tchokolaadou
eau (chaude)	**(horkou) vodu**	(horko-ou) vodou
lait	**mléko**	mlêêko
froid/chaud	** studené/teplé**	stoudènnêê/tèplêê
miel	**med**	mèt
pain	**chleba**	кнlèba
petits pains	**rohlíky**	ro-hliiki
poivre	**pepř**	pèprch
sel	**sůl**	ssoûl
thé	**čaj**	tchay
au lait	** s mlékem**	ssmlêêkèm
au citron	** s citrónem**	sstsitraunnem

Hors d'œuvre—Entrées *Předkrmy*

Bien que les Tchèques n'aient pas une tradition de hors-d'œuvre, pourquoi ne pas essayer le jambon de Prague (*pražská šunka* - prajskaa sounka), succulente spécialité servie avec du concombre ou du fromage.

Je voudrais une entrée.	**Chtěl(a) bych předkrm.**	кнtyèl[a] biкн prchètk^{ou}rm
Que nous conseillez-vous?	**Co doporučujete?**	tso doporoutchou-yètè

chuť ovky	кнutyovki	entremet
játrová paštika	yaatrovaa pachtyika	pâté de foie
kyselé okurky	kissèlêê okourki	légumes au vinaigre
langoše	lanngochè	pâte frite recouverte d'ail
moravský salám	morafsskii ssalaam	salami de Moravie
nakládané houby	naklaadannêê ho-oubi	champignons macérés dans du vinaigre
obložené chlebíčky	oblojènnêê кнlèbiitchki	croque-monsieur
palačinky s masitou náplní	palatchinnki ssmassito-ou naap^{ou}lgnii	crêpes fourrées à la viande
párky	paarki	saucisses de Francfort
ruské vejce	rousskêê vèytsè	œufs mayonnaise
ředkvičky	rchètvitchki	radis
sardinky	ssardinnki	sardines
špekáčky	chpèkaatchki	saucisses de Francfort
šunka	chounnka	jambon
tlačenka	tlatchènnka	collier de porc
tvaroh	tvaroкн	fromage fermier
uherský salám	ou-hèrsski ssalaam	salami hongrois
uzený jazyk	ouzènnii yazik	langue fumée
zavináče	zavinnaatchè	harengs roulés

Potages et râgouts *Polévky a dušená jídla*

Depuis bien longtemps, les soupes sont à la base du repas de midi en Bohême. Au restaurant, elles constituent encore un déjeuner bon marché, certaines composant même un repas à elles seules. Elles sont souvent parfumées avec des aromates, tels que la ciboulette, la marjolaine, le persil et le carvi. Les bouillons (*vývar*) contiennent souvent des nouilles (*s nudlemi*) ou des petites boulettes de foie (*s knedlíčky*).

bramborová polévka	bramborovaa polêêfka	soupe de pommes de terre
česneková polévka	tchèssnèkovaa polêêfka	soupe à l'ail
čočková polévka	tchochkovaa polêêfka	soupe aux lentilles
dršťková polévka	dᵒᵘrchtkovaa polêêfka	soupe de tripes aux herbes
fazolová polévka	fazolovaa polêêfka	soupe de haricots
hovězí vývar (s nudlemi)	hovyèzii viivar (ssnoudlemi)	bouillon de bœuf (avec des nouilles)
hrachová polévka s uzeným masem	hraкноvaa polêêfka ssouzeniim massem	soupe de petits pois à la viande fumée
kapustová polévka	kapousstovaa polêêfka	soupe au chou
kmínová polévka	kmiinnovaa polêêfka	soupe aux graines de carvi
pórková polévka	paurkovaa polêêfka	soupe de poireaux
rajská polévka	raysskaa polêêfka	soupe à la tomate
rybí polévka	ribii polêêfka	soupe de poisson
slepičí vývar s nudlemi	sslèpitchii viivar ssnoudlemi	bouillon de poulet au vermicelle
slepičí polévka	sslèpitchii polêêfka	consommé de poulet
zeleninová polévka	zelegninnovaa polêêfka	soupe aux légumes
zelná polévka s klobásou	zèlnaa polêêfka	soupe au chou et à la saucisse fumée

boršč/ruská polévka
(borchtch/rousskaa polêêfka)
bortsch russe au bœuf, à la betterave et à la crème sure/aigre

gulášová polévka
(gulaachovaa polêêfka)
goulash de bœuf à la hongroise, avec des pommes de terre, des oignons, des tomates, des poivrons, et richement assaisonné de paprika, carvi et ail

ovarová polévka ze zabijačky
(ovarovaa polêêfka zèzabiiyatchki)
soupe de porc très nourrissante, aromatisée à l'ail et à la marjolaine, et servie avec de l'orge bouilli ou du riz; soupe traditionnelle de la semaine du carnaval

Staročeská (plzeňská) pivní polévka
(sstarotchèsskaa (plzègnsskaa) pivgnii polêêfka)
soupe à la Pils tchèque, faite à base de bière légère et épaissie avec des cubes de pain et des jaunes d'œufs

Poissons *Ryby*

Le poisson traditionnel tchèque est la carpe, mais vous trouverez aussi d'autres poissons d'eau douce, tels que la truite ou le brochet. La carpe est généralemnt servie cuite au four (*kapr pečený*) ou panée (*kapr smažený*). La «carpe bleue» (*kapr na modro*) est une spécialité où le poisson est cuit dans un court-bouillon avec du vinaigre, des légumes et des aromates variés - thym, épices, laurier et zeste de citron.

Je voudrais du poisson.	**Já bych si dal rybu.**	yaa bikн ssi dal ribou
Qu'avez-vous comme fruits de mer?	**Jaké máte koryse?**	jakêê maatè koriichè
candát	canndaat	sandre
humr	houm^{ou}r	homard
kapr	kap^{ou}r	carpe
kaviár	kaviaar	caviar
krab	krab	crabe
losos	lossoss	saumon
mořský krab	morchsskii krab	crevette
mořský okoun	morchsskii oko-ounn	bar
okoun říční	oko-ounn rchiitchgnii	perche
platýz	platiiss	flétan
pstruh	psstroukн	truite
rybí filé	ribii filêê	filet de poisson
sardinka	ssardinnka	sardine
sleď	sslèty	hareng
štika	chtyika	brochet
treska	trèsska	cabillaud
tuňák	tougnaak	thon
úhoř	oûhorch	anguille
ústřice	oûsstrchitsè	huîtres
kapr dušený na černo (kap^{ou}r douchennii natchèrno)	carpe en sauce noire au poivre, aux pruneaux et à la bière brune	
kapr na kmíně (kap^{ou}r nakmiignè)	carpe au carvi cuite au four	
kapr na modro (kap^{ou}r namodro)	carpe cuite dans un court-bouillon au vin blanc et aux épices, et servie au beurre	
pstruh na másle (psstroukн namaasslè)	truite grillée avec du beurre aux herbes	
rybí polévka z kapra (ribii polêêfka sskapra)	soupe de carpe	
smažené rybí filé (ssmajènêê ribii filêê)	filet de poisson frit	

à la vapeur	**uvařené v páře**	ouvarchènnêê fpaarchè
au four	**pečené**	pètchènnêê
frit	**smažené**	ssmajènnêê
fumé	**uzené**	ouzènnêê
grillé	**grilované**	grilovannêê
mariné	**marinované**	marinnovannêê
poché	**do ztracena**	dosstratsènna
sauté	**na másle**	namaasslè

Viande *Maso*

Le plat traditionnel que l'on rencontre partout est le porc, servi avec des boulettes et de la choucroute. Cependant, la cuisine tchèque offre une grande variété de viandes, cuites de manières diverses et accommodées à nombre de sauces différentes.

Qu'avez-vous comme viande?	**Jaké máte druhy masa?**	yakêê maatè drou-hi massa
agneau	**jehněčí**	yè-hgnètchii
bœuf	**hovězí**	hovyèzii
porc	**vepřové**	vèprchovêê
veau	**telecí**	tèlètsii
brzlík	b^{ou}rzliik	ris de veau
bůček	boûtchèk	poitrine de porc
čevapčiči	tchèvaptchitchi	boulettes de viande
dušené hovězí	douchènnêê hovyèzii	rôti à l'étouffée
hovězí oháňka	hovyèzii o-haagnka	queue de bœuf
hřbet	hrchbèt	selle
jazyk	yazik	langue
jehněčí stehno	yèhgnètchii sstè-hno	gigot d'agneau
jelítko	yèliitko	boudin
jitrnice	yit^{ou}rgnitse	saucisse blanche
kotleta	kotlèta	côtelettes
králík	kraaliik	lapin
kýta	kiita	épaule (de porc)
ledvinky	lèdvinnki	rognons
masové kuličky	massovêê koulitchki	boulettes de viande
mleté maso	mlètêê masso	viande hachée
párky	paarki	saucisses de francfort
roštená	rochtyènnaa	entrecôte
salám	ssalaam	salami
selátko	ssèlaatko	cochon de lait
skopové	sskopovêê	mouton
slanina	sslanninna	bacon (lard)

špek	chpèk	couenne
spekované	chpèkovannêê	rôti lardé
uzená šunka	ouzènnaa chounnka	jambon (fumé)
vepřová hlava	vèprchovaa hlava	tête de cochon
vepřové droby	vèprchovêê drobi	andouilles
vuřt	vourcht	saucisse

bouilli	**vařené**	varchènnêê
braisé	**dušené**	douchènnêê
cuit au four	**pečený**	pètchènnii
frit	**smažené**	ssmajènnêê
fumé	**uzené**	ouzènnêê
grillé	**grilované**	grilovannêê
mijoté/en ragoût	**dušené**	douchènnêê
rôti	**pečeně**	pètchègnè
sauté	**na másle**	mamaasslè
bleu	**na krvavo**	nak^{ou}rvavo
saignant	**lehce udělané**	lèkнtsè oudyèlannêê
à point	**středně udělané**	sstrchègnè oudyèlannêê
bien cuit	**dobře udělané**	dobrchè oudyèlannêê

Plats de viande *Masitá jídla*

dušené telecí maso na víně	douchènnêê tèlètsii masso naviignè	veau braisé au vin
guláš z hovězího masa na smetaně	goulaach z-hovyèzii-ho massa nassmètagnè	goulash de bœuf avec une sauce à la crème
hovězí dušené na hříbkách	hovyèzii douchènnêê na-hrchiipkaaкн	ragoût de bœuf aux champignons
hovězí tokáň	hovyèzii tokaagn	bœuf en sauce tomate au vin
masová směs na roštu	massovaa smyèss narochtou	viandes grillées
pečeně se slaninou	pètchègnè ssèsslannino-ou	rôti bardé
masové knedlíčky	massovêê knèdliitchki	boulettes de viande
přírodní řízek	prchiirodgnii rchiizèk	côtelette non panée
roštěnky na pivě	rochtyènnki napivyè	carbonade, ragoût de bœuf et d'oignons cuit à la bière
segedínský guláš	ssègèdiinnsskii goulaach	goulash de trois viandes avec de la choucroute

smažene karbanátky	ssmajènnêê karbannaatki	steaks hachés grillés
smažený řízek	ssmajènnii rchiizèk	côtelette de veau panée
tatarský biftek	tatarsskii biftèk	steak tartare
vepřové kotlety na pivě	vèprchovèè kotlèti napivyè	côtes de porc à la bière
vepřový guláš se zelím	vèprchovii goulaach ssèzèliim	goulash de porc à la choucroute
vídeňský řízek	viidègnsskii rchiizèk	Wiener schnitzel
zadělávané dršťky	zadyèlannêê d^{ou}rchtyiiki	tripes en sauce blanche
živáňksa	jivaannsska	brochette slovaque grillée

Spécialités *Speciality*

guláš
(gulaach)

goulash; une soupe hongroise composée de bœuf, oignons, pommes de terre, paprika, carvi, ail, légumes et petites boulettes

moravští vrabci
(morafchtii vraptsi)

«moineaux de Moravie», pièces de porc saupoudrées de carvi et rôties

pražská hovězí pečeně
(prachsskaa hovyèzii pètchègnè)

rosbif de Prague, rôti farci de cubes de jambon frit, de petits pois, d'œuf, d'oignon et d'épices

pražské telecí hrudí
(prachsskêê tèletsii hroudyi)

poitrine de veau à la mode de Prague, farcie d'œuf, de jambon, de petits pois et de crème fouettée, et rôtie au beurre

svíčková pečeně na smetaně
(ssviitchkovaa pètchègnè nassmètagnè)

pièce de bœuf savoureuse dans une sauce à la crème sure et aux épices

šunka po staročesku
(chounnka posstarotchèsskou)

jambon cuit de Bohême, avec une sauce aux prunes, pruneaux, noix et vin

vepřová krkovička po selsku
(vèprchovaa k^{ou}rkovitchka possèlskou)

collet de porc frotté d'ail et rôti avec des oignons

vepřové žebírko Interhotel
(vèprchovèè jèbiirko innterhotèl)

côtelettes de porc à l'Interhotel, farcie de choucroute, jambon et poitrine fumée

znojemská roštěná
(znoyèmsskaa rochtyènnaa)

aloyau à la Znojmo, frit puis cuit en ragoût avec des oignons

Gibier et volaille *Zvěřina a drůbež*

Le canard rôti, le lapin braisé, et le blanc d'oie rôti à l'ail dans son jus comptent parmi les plats tchèques les plus communs. La volaille et le gibier sont souvent accompagnés de canneberge, ainsi que de carvi, sensé faciliter la digestion des graisses.

bažant	bajannt	faisan
divoký kanec	dyivokii kannèts	sanglier
holub	holoup	pigeon
husa	houssa	oie
kachna	kaкнna	canard
kachňátko	kaкнgnaatko	caneton
kapoun	kapo-ounn	chapon
koroptev	koroptèf	perdrix
krůta	kroûta	dinde
kuře	kourchè	poulet
prsa/stehno/křídlo	p^{ou}rssa/sstè-hno/krchiidlo	blanc/cuisse/aile
kuře na roštu	kourchè narochtou	poulet à la broche
perlička	pèrlitchka	pintade
sluka	sslouka	bécasse
srnčí	ss^{ou}rntchii	chevreuil
tetřívek	tètrchiivèk	coq de bruyère
třepelka	trchèpèlka	caille
zajíc	zayiits	lièvre

Spécialités *Speciality*

bažant dušený na žampiónech	bajannt douchènnii najampiaunnекн	faisan aux champignons cuit à la cocotte
bažant na slanině	bajannt nasslannignè	faisan rôti à la poitrine fumée
divoký králík na česneku	dyivokii kraaliik natchèssnèku	lapin de garenne à l'ail
dušena kachna s brusinkami	douchènnaa kaкнna ssbroussinnkami	canard braisé aux canneberges
guláš z daňčího masa	goulaach zdagntchii-ho massa	goulash de chevreuil
husí játra smažená	houssi yaatra ssmajènnaa	foie d'oie pané
husí krky plněné	houssii k^{ou}rki p^{ou}lgnènnêê	cou d'oie farci
husí žaludky zadělávané	jaloutki zadyèlannêê	gésier d'oie en sauce blanche

koroptev pečená na červeném zelí	koroptèf pètchènnaa natchèrvènnêêm zèlii	perdrix rôtie au chou rouge
krocan s kaštany	krotsann sskachtanni	dinde rôtie farcie de marrons
kuře pečené s nádivkou	kourchè pètchènêê ssnaadyifkou	poulet rôti farci de foie de poulet
pečená husí játra s mandlemi	pètchènnaa houssii yaatra ssmanndlemi	foie d'oie aux amandes
perlička pečená	pèrlitchka pètchènnaa	pintade rôtie
srnčí hřbet dušený na víně	ss^{ou}rntchii hrchbèt douchènnii naviignè	selle de chevreuil braisée au vin
zajíc na černo	zayiits natchèrno	civet de lapin dans une sauce sucrée
zajíc na divoko	zayiits nadyivoko	lièvre bardé cuit dans une sauce au vin rouge avec des oignons et des légumes
zajíc na smetaně	zayiits nassmètagnè	lièvre en sauce à la crème

Pommes de terre *Brambory*

Les pommes de terre constituent la denrée de base la plus répandue et elles sont servies dans un nombre de plats différents. Peut-être aurez-vous la chance de trouver un endroit où l'on sert des *bramborák* ou des galettes épicées faites de pommes de terre râpées aromatisées de marjolaine et d'ail.

bramborák	bramboraak	galettes de pommes de terre crues
bramborová kaše	bramborovaa kachè	purée
bramborové hranolky	bramborovêê hrannolki	frites
bramborové knedlíky	bramborovêê knèdliiki	boulettes de pommes de terre
plněné uzeným	p^{ou}lgnènnêê ouzènniim	à la viande fumée
s cibulkou	ss-cibulko-ou	aux oignons
bramborové omelety se špenátem	bramborovêê omèlèti ssèchpènnaatèm	omelettes de pommes de terre aux épinards
bramborové placky	bramborovêê placki	galette de pommes de terre
bramborové šišky	bramborovêê chichki	petites boulettes de farine et de pomme de terre

bramborové škubánky	bramborovêê chkoubaannki	pâté de pommes de terre
bramborové taštičky s masitou nádivkou	bramborovêê tachtyïtchki ssmassito-ou naadyïfko-ou	raviolis de pommes de terre fourrés à la viande

chlupaté knedlíky se zelím
(кHloupatêê knèdliiki ssèzèliim)

boulettes de pommes de terre de Bohême au chou, à base de pommes de terre crues râpées, de farine et d'œuf

škubánky s mákem
(chkoubaannki ssmaakèm)

boulettes de pommes de terre avec des graines de pavot et du sucre

Riz, pâtes et boulettes *Rýže, nudle a knedlíky*

Vous trouverez immanquablement, dans un menu tchèque, des boulettes sous une forme ou une autre - flottant dans une soupe, accompagnant votre plat principal, ou aux fruits et servies comme dessert.

fleky zapečené se zelím	flèki zapètchènnêê ssèzèliim	pâtes cuites au chou
houskový knedlík	ho-ousskovii knèdliik	boulette de pain
knedlíky s vejci	knèdliiki ssveytsi	boulette aux œufs
kynuté knedlíky	kinnutèè knèdliiki	boulettes à la confiture
makarony	makaronni	macaronis
noky	noki	gnocchis
nudle	noudlè	nouilles
s mákem	ssmaakèm	aux graines de pavot
rýžová kaše	riijovaa kachè	purée de riz
špagety	sspagèti	spaghettis
těstoviny	tyèsstovinni	nouilles
zapékané nudle	zapêêkannêê noudlè	nouilles cuites avec des œufs et du fromage

buchty
(bouкHti)

boulettes cuites à la levure et fourrées de fromage blanc, confiture, pommes ou prunes

švestkové knedlíky
(chvèsstkovêê knèdliiki)

boulettes aux prunes recouvertes de beurre fondu, de graines de pavot écrasées et de sucre

Sauces *Omáčky*

Dans la cuisine tchèque, les sauces sont invariablement épaisses et à base de crème, parfumées avec des légumes et relevées d'aromates et d'épices. Elles constituent l'accompagnement idéal des boulettes tchèques.

Les sauces les plus souvent servies avec le bœuf sont à la tomate (*rajská omáčkâ*), à l'aneth (*koprová omáčka*) ou aux champignons (*houbová omáčka*). La plus savoureuse est la «sauce de rôti cuit à la chandelle» (*svíčková omáčka*), une marinade de filet de bœuf rôti, passée au tamis et à laquelle on ajoute du thym et de la crème.

Voici quelques expressions que vous rencontrerez sur les menus, et qui décrivent comment viandes et volailles sont cuites ou servies.

na česneku	natchèssnèku	à l'ail
na pivě	napivyè	à la bière et aux épices
na smetaně	nassmètagnè	en sauce à la crème
na víně	naviignè	au vin
se žloutkovou omáčkou	ssè-jlo-outkovo-ou omaatchkou	en sauce aux jaunes d'œufs
na černo (natchèrno)	dans une sauce «noire» au poivre, épices, gingembre, fromage, concentré de tomate et vin	

Légumes *Zelenina*

artyčoky	artichoki	artichauts
avokado	avokado	avocat
brambory	brambori	pommes de terre
celer	tsèlèr	céleri
červená řepa	tchèrvènnaa rchèpa	betterave
chřest	кнrchèst	asperges
cibule	tsiboulè	oignon
cikorka	tsikorka	endive
čočky	tchotchki	lentilles
dýně	dignè	courge

fazole	fazolè	haricots
fazole na kyselo	fazolè nakisselo/ tchèrvènnêê fazolè	blancs (demi-secs)
červené fazole		rouges
zelené fazolky	zèlènnêê fazolki	verts
fenykl	fènnik^{ou}l	fenouil
houby	ho-oubi	champignons
hrášek	hraachèk	petits pois
jedlé kaštany	yèdlêê kachtanni	châtaignes
kukuřice	koukourchitsè	maïs
květák	kvy-taak	chou-fleur
lilek	lilèk	aubergine
mrkev	m^{ou}rkèf	carottes
okurka	okourka	concombre
pálivá paprika	paalivaa paprika	chili
papriky	papriki	poivrons
sladké	sslatkêê	dous
červené	tchèrvènnêê	rouges
zelené	zèlènnêê	verts
pórek	paurèk	poireaux
rajská jablíčka	rauskaa yabliitchka	tomates
ředkvičky	rchètvitchki	radis
růžičková kapusta	roûjitchkovaa kapousta	choux de Bruxelles
salát	ssalaat	laitue
sladké brambory	sslatkêê brambori	patates douces
špenát	chpènnaat	épinards
tuřín	tourchiin	navet
tykev	tikèf	citrouille
zelí	zèlii	chou
kyselé zelí	kissèlêê zèlii	choucroute
zucchini	zoukinni	courgette
žampióny	jampiaunni	champignons sauvages

Quelques plats végétariens:

čočka na kyselo	tchotchka nakissèlo	lentilles sucrées
plněné papriky v rajčatové omáčce	p^{ou}lgnènnêê papriki vraytchatovêê omaatch-tsè	poivrons farcis en sauce tomate
zeleninové karbanátky	zèlègninnovêê karbannaatki	légumes rissolés

Salades *Saláty*

Les salades sont servies soit en entrée, soit comme accompagnement d'un plat, ou même en tant que plat principal.
En voici quelques-unes, pour vous mettre l'eau à la bouche:

bramborový salát	bramborovii ssalaat	salade de pommes de terre
celerový salát	tsèlèrovii ssalaat	salade de céleri
čočkový salát	tchotchkovii ssalaat	salade de lentilles
fazolkový salát	fazolkovii ssalaat	salade de haricots verts
hlávkový salát	hlaafkovii ssalaat	salade verte
jarní míchaný salát	yargnii miiкнannii ssalaat	salade de légumes frais variés
okurkový salát	okourkovii ssalaat	salade de concombre
paprikový salát	paprikovii ssalaat	salade de poivrons verts
rajčatový salát	raytchatovii ssalaat	salade de tomates
salát z červené řepy	ssalaat sstchèrvènnêê rchèpi	salade de betteraves
salát z červeného zelí	ssalaat sstchèrvènnêê-ho zèlii	salade de chou rouge
salát z kyselého zelí	ssalaat sskissèlêê-ho zèlii	salade de choucroute

Epices et fines herbes *Bylinky a koření*

anýz	aniiss	anis
bazalka	bazalka	basilic
bobkový list	bopkovii lisst	laurier
česnek	tchèssnèk	ail
drobná cibulka	drobnaa tsiboulka	échalote
estragon	èsstragonn	estragon
hořčice	horch-tchitsè	moutarde
kapary	kapari	câpres
kmín	kmiin	cumin
kopr	kop^{ou}r	aneth
křen	krchènn	raifort
majoránka	mayoraanka	marjolaine
máta	maata	menthe
nakládané okurky	naklaadannêê okourki	cornichons
oregano	oreganno	origan
paprika	paprika	paprika

pepř	pèprch	poivre
petržel	pèt^{ou}rjèl	persil
potočnice	pototchgnitsè	cresson
rozmarýnka	rozmariinnka	romarin
skořice	sskorchitsè	canelle
sůl	ssoûl	sel
šafrán	chafraann	safran
šalvěj	chalvyèy	sauge
tymián	timiaann	thym
vanilka	vannilka	vanille
zázvor	zaazvor	gingembre

**A suivre... ** *A potom...*

Si vous avez encore faim, il vous restera peut-être un peu de place pour du fromage, un fruit ou un dessert.

Fromages *Sýr*

Même si, dans la cuisine tchèque, on utilise beaucoup de fromage à tartiner à base de fromage blanc et aromatisé d'oignon, de paprika ou de fruits, le pays ne produit pas une grande variété de fromages. Cependant, voici quelques-uns des fromages que vous rencontrerez :

brynza	brinnza	fromage de brebis
ementál	èmènntaal	emmental
plísňový sýr	pliissgnovii ssiir	fromage bleu
smetanový sýr	ssmètannovii ssiir	fromage à tartiner
syrečky	ssirètchki	fromage à la bière

Et voici quelques plats à base de fromage:

smažené sýrové knedlíčky se smetanou	ssmajènnêê ssiirovêê knèdliiki ssèssmètanno-ou	boulettes de fromage frites, servies à la crème
smažený sýr v těstíčku	ssmajènnii ssiir ftyèsstyiitchko	beignets de fromage
smažený sýr	ssmajènnii ssiir	fromage pané
sýrové pavézky	ssirovêê pavêêski	côtelettes au fromage
tvarohové palačinky	tvaro-hovêê palatchinnki	crêpes au fromage blanc

Fruits et noix *Ovoce a ořechy*

| Avez-vous des fruits frais? | **Máte nějaké čerstvé ovoce?** | maatè gnèyakêê tchèrsstvêê ovotsè |
| Je voudrais une salade de fruits frais. | **Dám si ovocný pohár.** | daam ssi ovotsnii po-haar |

ananas	annannass	ananas
angrešt	anngrècht	groseilles à maquereau
banán	bannaann	banane
borůvky	boroûfki	myrtilles
broskev	brosskèf	pêche
burské oříšky	boursskêê orchiichki	cacahuètes
citrón	tsitraunn	citron
citroník	tsitrogniik	citron vert
černý rybíz	tchèrnii ribiiss	cassis
datle	datlè	dattes
fíky	fiiki	figues
grapefruit	grèypfrout	pamplemousse
hrozinky	hrozinnki	raisins secs
hrozny	hrozni	raisins
hruška	hrouchka	poire
jablko	yab^(ou)lko	pomme
jahody	ya-hodi	fraises
kaštany	kachtanni	marrons
kdoule	gdo-oulè	coing
kokos	kokoss	noix de coco
lískové ořechy	liisskovêê orchèкни	noisettes
maliny	malinni	framboises
mandle	manndle	amandes
meloun	mèlo-ounn	melon
meruňky	merougnki	abricots
nektarinka	nèktarinnka	brugnon
pomeranč	pomèranntch	orange
rebarbora	rèbarbora	rhubarbe
sultánky	ssoultaannki	raisins de Smyrne
sušené ovoce	souchènnêê ovotsè	fruits secs
sušené švestky	souchènnêê chvèsstki	pruneaux
švestky	chvèsstki	prunes
třešně	trchèchgnè	cerises
vlašské ořechy	vlachsskêê orchèкни	noix

Desserts—Pâtisseries *Moučníky—Zákusky*

Depuis longtemps, les Tchèques sont fiers de leurs pâtisseries, et ce à juste titre. Au restaurant ou devant la vitrine d'une boulangerie ou d'une pâtisserie (*cukrárna* — tsoukraarna), vous serez tenté par nombre de gourmandises toutes plus riches et appétissantes les unes que les autres.

Je voudrais un dessert, s.v.p.	**Dal bych si moučník.**	dal bɪкн ssi mo-outchgniik
Que me recommandez-vous?	**Co mi doporučíte?**	tso mi doporoutchiitè
Quelque chose de léger, s.v.p.	**Něco lehčího.**	gnètso lèкнtchii-ho
Juste une petite portion.	**Jen malou porci.**	yègn malo-ou portsi
bublanina	trchèchgnovaa	gâteau de Savoie aux fruits
třešňová bublanina	trchèchgnovaa bublagninna	biscuits de Savoie aux cerises
buchta	bouкнta	pains au lait
cukroví	coukrovii	petits gâteaux secs
dukátové buchtičky	doukaatovèê bouкнtyitchki	petits beignets
jemný drobenkový koláč	yèmnii drobènnkovii kolaatch	tourte au fromage
koblihy	kobli-hi	beignets
koláčky	kolaatchki	pains au lait sucrés
kompot	kompot	compote de fruits
krém	krêêm	crème aux œufs
makový koláč	makovii kolaatch	gâteau au pavot
marokánky	marokaannki	macarons
nepečené kuličky	nèpètchènnêê koulitchki	truffes au chocolat
omeleta se zavařeninou	omèlèta ssèzavarchègninno-ou	omelette à la confiture
ovocné koláče	ovotsnêê kolaatchè	tranches de cake aux fruits
palačinky	palatchinnki	crêpes
rakvičky	rakvitchki	meringue à la crème fouettée
šlehačka	chlè-hatchka	crème fouettée
štrůdl	chtroûd[ou]l	strudel aux pommes
svítek	ssviitèk	crêpe souvent servie aux fruits

trubičky se šlehačkou	troubitchki ssè-chlè-hatchko-ou	cornets de pâte feuilletée à la crème
tvarohové palačinky	tvaro-hovêê palatchinnki	crêpes au fromage blanc
zázvorky	zaazvorki	gâteaux secs au gingembre
zmrzlina	zm^{ou}rzlinna	glace
čokoládová	tchokolaadovaa	chocolat
oříšková	orchiichkovaa	noisettes
vanilková	vannilkovaa	vanille
zmrzlinový pohár	zm^{ou}rzlinnovii pohaar	coupe glacée Chantilly

domažlický velký koláč
(domajlitskii velkii kolaatch)

grande tourte à la Domažlitse, alternant des couches de fromage blanc, de crème de prunes et de graines de pavot

dort
(dort)

gâteau à la crème avec un glaçage au chocolat et aux amandes

dort z karlovarských oplatek
(dort sskarlovarsskiich oplatèk)

«gâteau à étages de Carlsbad» fait de gaufrettes, de crème au beurre au chocolat et aux noix, et recouvert d'un glaçage

jablkový závin
(yab^{ou}lkovii zaavinn)

pomme entière au sucre, à la cannelle et aux raisins secs, cuite enrobée de pâte feuilletée

lívance
(liivanntsè)

petites crêpes tartinées de crème de prunes, de fromage blanc et de yaourt ou de crème sure épaisse

moravské koláče
(morafskêê kolaatchè)

petits pains de Moravie, remplis 2 fois durant la cuisson de fromage blanc, jaune d'œuf et crème de prunes

perník
(pèrgniik)

biscuit sec au gingembre, miel, amandes et épices

piškotová balenka
(pichkotovaa balènnka)

gâteau roulé servi avec de la confiture de groseilles et de la crème fouettée

švestkové knedlíky
(chvèsstkovèè knèdliiki)

boulettes aux prunes recouvertes de fromage blanc passé au chinois, de sucre, et de beurre fondu

žemlovka
(zèmlofka)

pommes cuites dans un pudding au pain blanc, au lait, aux raisins secs, à la cannelle et aux œufs

Boissons *Nápoje*

Bière *Pivo*

La bière tchèque mérite bien sa renommée mondiale, la brasserie étant une tradition qui remonte à plus de mille ans. C'est ici qu'on cultive les houblons les plus recherchés au monde, réputés pour la délicatesse de leurs parfums, et exportés dans le monde entier. Le pays se vante aussi d'avoir deux villes célèbres pour leur brasserie: *Plzeň*, berceau du genre de bière le plus répandu au monde (Pilsner ou Pils), et *České Budějovice*, autrefois appelée Budweis.

Avec un choix tellement vaste, il n'est pas étonnant que les Tchèques comptent parmi les plus gros buveurs de bière au monde. Le meilleur endroit pour goûter la bière locale est une des innombrables brasseries (*pivnice*).

La bière blonde (*světlé pivo*) a une teneur en alcool de 10 (*desítka*) ou de 12% (*dvanáctka*). La bière brune (*černé* ou *tmavé pivo*) est aussi très populaire et nombre de brasseries aux alentours de Prague, telle *U Fleků*, se spécialisent dans ce genre de bière.

Voici quelques-unes des plus grandes marques à rechercher :

Plzeňský Prazdroj (p^{ou}lzègnsskii prazdroy)	exportée sous le nom de *Pilsner Urquell*, la pilsner originale est une bière brute et dorée, au goût de houblon prononcé, et qui se laisse boire facilement
Budvar (boudvar)	cette bière au goût malté à la fois doux et épicé, accompagne particulièrement bien un repas
Speciální pivo (sspètsiaalgnii pivo)	les «bières spéciales» (*Bránické, Flekovské, Tomáške* et *Senátor*) sont des bières plus alcoolisées, allant de 13 à 20 degrés
Staropramen svetlé (sstaropramènn ssvyètlêê)	une bière blonde, légère et douce produite dans la plus grande brasserie de Prague
Zlatý Bažant (zlatii bajannt)	fraîche et brute, le «Faisan doré» est la plus célèbre des bières slovaques

Je voudrais une bière.	**Chtěl(a) bych pivo.**	KHtyèl[a] biKH pivo
une bière brune	**černé pivo**	tchèrnêê pivo
une bière blonde	**světlé pivo**	ssvyètlêê pivo
une bière pression	**sudové pivo**	ssoudovêê pivo
un demi-litre	**malé pivo**	malêê pivo
Qu'est-ce que vous buvez?	**Co ssi dáte?**	tso ss daatè
J'en prends une autre.	**Dejme si ještě jednu.**	dèymè ssi jèchtyè yèdnou

---

NA VAŠE ZDRAVÍ
(na vachè zdravii)
A LA VOTRE!

Vin *Víno*

Les Républiques tchèque et slovaque produisent bon nombre de vins, mais très peu sont exportés.

La Moravie du Sud et la Slovaquie du Sud produisent d'excellents vins blancs, et de nombreuses caves sont ouvertes au public, surtout à Bratislava.

Voici les vins blancs les plus célèbres: *Vlašský ryzlink, Rulandské bílé, Müller-Thurgau, Veltlínské zelené* et *Ryzlink rýnský*; les rouges: *Klaštorné červené* et *Rulandské červené*; et un champagne rosé: *Sekt Cremant Rose*.

Puis-je avoir la carte des vins, s.v.p.?	**Přineste mi, prosím, nápojový lístek.**	prchinèsstè mi prossiim naapoy-ovii liisstèk
Je voudrais un/une... de vin blanc/rouge.	**Chtěl(a) bych ... bílého/červeného vína.**	KHtyèl(a) biKH ... biilêê-ho/ tchèrvènnêê-ho viinna
bouteille	**láhev**	laa-hèf
carafe	**karafu**	karafou
demi-bouteille	**půl láhve**	poûl laa-hvè
verre	**sklenici**	ssklègnitsi
Quel est le prix d'une bouteille de...?	**Kolik stojí láhev ...?**	kolik sstoyii laa-hèf
Pouvez-vous m'apporter une autre bouteille/un autre verre de... , s.v.p.?	**Přineste mi ještě jednu láhev/jednu sklenici.**	prchinèsstè mi yèchtyè yèdnou laa-hèf/yèdnou ssklègnitsi

rouge	**červený**	tchèrvènnii
blanc	**bílý**	biilii
rosé	**rozé**	rozêê
doux	**sladký**	sslatkii
sec	**suchý**	ssouКНii
mousseux	**šumivý**	choumivii
léger	**lehký**	lèКНКii
frais	**chlazený**	КНlazènnêê
à la température de la pièce	**místnostní teploty**	miistnostgnii tèploti

Autres boissons alcoolisées *Jiné alkoholické nápoje*

Je voudrais un/ une ...	**Chtěl(a) bych ...**	КНtyèl(a) biКН
apéritif	**aperitiv**	apèritif
cognac	**koňak**	kognak
gin	**gin**	djinn
liqueur	**likér**	likêêr
rhum	**rum**	roum
vermouth	**vermut**	vermout
vodka	**vodku**	votkou
whisky	**whisky**	visski
sec	**čistou**	tchissto-ou
avec des glaçons	**s ledem**	sslèdèm
avec un peu d'eau	**s trochou vody**	sstroКНo-ou vodi
Donnez-moi un grand gin-tonic, s.v.p.	**Dejte mi, prosím, velký gin a tonik.**	dèytè mi prossiim vèlkii djinn a tonnik
Juste un peu d'eau gazeuse, s.v.p.	**Jen trochu sodovky.**	yènn troКНou ssodofki

On dit que la Bohême fait la meilleure bière, la Moravie le meilleur vin et la Slovaquie les meilleurs alcools. Pourquoi ne pas vous en rendre compte par vous-même en goûtant la célèbre boisson slovaque *borovička*? Son goût très particulier n'est comparable qu'à celui du gin.

Si vous souhaitez tâter à d'autres alcools locaux, nous vous recommandons:

Karlovarská Becherovka (karlovarsskaa bèКНèrofka)	un apéritif herbacé originaire de Karlovy Vary, servi avec du «tonic», du citron et des glaçons

meruňkovice	liqueur d'abricot
(mèrougnkovitsè)	
slivovice	liqueur de prune, souvent servie avec un en-cas ou pendant la journée comme remontant
(sslivovitsè)	
stará myslivecká	un apéritif fort et sucré
(sstaraa mysslivètskaa)	
Zubrovka	vodka parfumée aux extraits d'herbes
(zoubrofka)	

Boissons sans alcool *Nealkoholické nápoje*

A un moment ou à un autre, vous aurez envie d'un grand verre d'eau minérale (*minerálka*). On vous servira alors une eau provenant d'une des célèbres sources minérales tchèques. La limonade (*limonáda*) est la boisson sans alcool traditionnelle, mais on trouve des jus de fruits et des marques internationales de cola un peu partout.

Le thé n'est pas très fort, et s'apparente plus à du thé chinois qu'à du thé indien. On vous l'offrira avec du citron et du sucre.

Voici quelques phrases pour vous aider à commander:

chocolat chaud	**kakao**	kakao
citron pressé	**citronová šťáva**	tsitronnovaa chtyaava
eau minérale	**minerálka**	minnèraalka
gazeuse	**šumivá**	choumivaa
plate	**nešumivá**	nèchoumivaa
infusion/tisane	**bylinkový čaj**	bilinnkovii tchay
jus de fruits	**ovocná šťáva**	ovotsnaa chtyaava
jus de	**grapefruitová**	grèypfrutovaa chtyaava
pamplemousse	**šťáva**	
jus de pomme	**jablečná šťáva**	yablètchnaa chtyaava
jus de tomate	**rajská šťáva**	raysskaa chtyaava
jus d'orange	**pomerančová**	pomèranntchovaa
	šťáva	chtyaava
lait	**mléko**	mlêêko
limonade	**limonáda**	limonnaada
milkshake	**koktèjl**	koktèyl
orangeade	**oranžáda**	orannjaada
«Schweppes»	**tonik**	tonnik
thé	**čaj**	tchay
tasse de thé	**šálek čaje**	chaalèk tchayè
au lait	**s mlékem**	ssmlêêkèm
au citron	**citrónem**	ss-tsitraunnèm
glacé	**ledový čaj**	lèdovii tchay

Café *Káva*

Le café le plus répandu est un excellent café turc (*turecká kéva*). C'est aussi le moins cher.

Dans un bon établissement, on vous servira votre café avec un verre d'eau. Il doit être épais et fort, avec une fine mouture flottant à la surface. D'autres types de café sont disponibles, tels l'express, le cappuccino et le café instantané.

J'aimerais un(e)...	**Chtěl(a) bych ...**	ĸнtyèl(a) biĸн
café	**kávu**	kaavou
café noir	**černou kávu**	tchèrno-ou kaavou
café crème	**kávu se šlehačkou**	kaavou ssè-chlè-hatchko-ou
café au lait	**s mlékem**	ssmlêêkèm
café décaféiné	**kávu bez kafeinu**	kaavou bèsskafèinnou
café turc	**tureckou kávu**	tourècko-ou kaavou
café viennois	**vídeňskou kávu**	viidègnsko-ou kaavou
express	**espresso**	èsprèsso

Réclamations *Stížnosti*

Si vous avez à vous plaindre et que votre plainte n'est pas réparée de façon satisfaisante, réclamez le livre des plaintes (*kniha přání a stížností* — kniha prchaagnii a stiijnostii). Bien que les restaurants nouvellement privatisés ne soient plus tenus d'en posséder un, le simple fait de le demander devrait arranger les choses.

Il manque une assiette/un verre.	**Tady chybí talíř/ sklenička.**	tadi ĸнibii taliirch/ sklènitchka
Je n'ai pas de couteau/fourchette/ cuillère.	**Já nemám nůž/ vidličku/lžíci.**	yaa nèmaam noûch/ vidlitchkou/ljiitsi
Ce n'est pas ce que j'ai commandé.	**To jsem si neobjednal(a).**	to ssèm ssi nèobyèdnal(a)
J'ai demandé...	**Já jsem chtěl(a) ...**	yaa ssèm ĸнtyèl(a)
Il doit y avoir une erreur.	**Tady se někdo spletl.**	tadi ssè gnègdo splèt[ou]l
Pourriez-vous changer ceci?	**Můžu si to vyměnit?**	moûjou ssi to vimyègnit
J'ai demandé une petite portion (pour cet enfant).	**Já jsem chtěl(a) malou porci (pro dítě).**	yaa ssèm ĸнtyèl(a) malo-ou portsi (pro dyiityè)

La viande est...	**To maso je...**	to masso yè
trop cuite	**předělané**	prchèdyèlannêê
pas assez cuite	**nedodělané**	nèdodyèlannêê
trop saignante	**moc syrové**	mots ssirovêê
trop dure	**tvrdé**	tv°°rdêê
C'est trop...	**Tohle je moc...**	to-hlè yè mots
amer/salé/sucré	**hořké/slané/sladké**	horchkêê/sslannêê/sslatkêê
Je n'aime pas ça.	**To mi nechutná.**	to mì nèкноutnaa
La nourriture est froide.	**To jídlo je studené.**	to yiidlo yè sstoudènnêê
Ce n'est pas frais.	**Tohle není čerstvé.**	to-hlè nègnii tchèrstvè
Pourquoi y a-t-il autant d'attente?	**Proč vám to tak dlouho trvá?**	protch vaam to tak dlo-ou-ho t°°rvaa
Avez-vous oublié nos boissons?	**Nezapomněl[a] jste na naše pití?**	nèzapomgnèl[a] stè nanachè pityii
Le vin n'a pas bon goût.	**To víno má divnou chuť.**	to viinno maa dyivno-ou кноuty
Ce n'est pas propre.	**Tohle není čisté.**	to-hlè nègnii tchistêê
Pourriez-vous nous envoyer le maître d'hôtel?	**Zavolal[a] byste pana vrchního?**	zavolal[a] bistè panna v°°rкнgniiho

L'addition *Účet*

Il est d'usage de laisser un pourboire d'environ 10% au serveur. Les cartes de crédit sont généralement acceptées dans les établissements qui accueillent les touristes. Des pannonceaux indiquent quelles cartes sont acceptées.

L'addition, s.v.p.	**Prosím účet.**	prossim oûtchèt
Nous voudrions payer séparément.	**My budeme platit zvlášť.**	mi boudèmè platyit zvlaachty
Je crois qu'il y a une erreur sur l'addition.	**V tom účtu je asi chyba.**	ftom oûtchtou yè assi кнiba
Que représente ce montant?	**Za co je tohle?**	zatso yè to-hlè
Le service est-il compris?	**Zahrnuje to služby?**	zah°°rnou-yè to sslujbi
Est-ce-que tout est compris?	**Je v tom všechno?**	yè ftom fchèкнno

Acceptez-vous les chèques de voyage?	**Přijímáte cestovní šeky?**	prchiyiimaatè tsèsstovgnii chèki
Puis-je payer avec cette carte de crédit?	**Mohu platit touto úvěrovou kartou?**	mo-hou platyit to-outo oûvyèrovou karto-ou
Pourriez-vous l'arrondir à...	**Můžete to zaokrouhlit na...**	moûjètè to za-okro-ou-hlit na
Gardez la monnaie.	**Nechte si drobné.**	nèкнtè ssi drobnèê
C'était délicieux.	**To bylo vynikající.**	to bilo vignikayiitsii
C'était très bon, merci.	**Moc nám to chutnalo, děkujeme.**	mots naam to кноutnalo dyèkou-yèmè

> **SLUŽBA JE ZAPOČÍTÁNÁ**
> SERVICE COMPRIS

Repas légers—Pique-nique *Rychlé občerstvení—Piknik*

Les mots et expressions suivants vous serviront si vous voulez un en-cas rapide. Vous devriez trouver votre bonheur dans un *buffet* ou *cukrárna* (pâtisserie). Dans le cas contraire, l'épicier du coin (*obchod s potravinami*) aura certainement ce que vous recherchez.

Donnez-moi deux de ceux-ci et un de ceux-là.	**Dejte mi dva takové a jeden takový.**	dèytè mi dva takovêê a yèdènn takovii
à gauche/droite	**nalevo/napravo**	nalèvo/napravo
au-dessus/au-dessous	**nad tím/pod tím**	nattyiim/pottyiim
C'est pour emporter.	**Zabalit.**	zabalit
Je voudrais un morceau de gâteau.	**Chtěl(a) bych jeden kousek dortu.**	кнtyèla biкн yèdènn ko-oussèk dortou
hot dog	**párek v rohlíku**	paarèk vro-hliikou
hamburger	**karbanátek**	karbannaatèk
omelette	**omeletu**	omeletou
pain beurré	**chlebíček**	кнlèbiitchèk ssèchounnkou/ ssèssiirèm
au jambon	**se šunkou**	
au fromage	**se sýrem**	
salade de pommes de terre	**bramborový salát**	bramborovii ssalaat
sandwich	**sendvič**	ssènndvitch
saucisse grillée	**opečený vuřt**	opètchènnii vourcht

Voici une liste simple d'aliments et de boissons qui pourra vous servir lorsque vous ferez des courses pour un pique-nique.

Je voudrais…	Chtěl(a) bych…	кнtyèl(a) bікн
bananes	banány	bannaanni
barre au chocolat	čokoládu	tchokolaadou
beurre	máslo	maasslo
bière	pivo	pivo
biscuits	sušenky	ssouchènnki
boisson sans alcool	nealkoholický nápoj	nèalko-holitskii naapoy
café	kávu	kaavou
charcuterie	studené maso	sstoudènnêê masso
chips	brambůrky	bramboûrki
cornichons	nakládané okurky	naklaadannêê okourki
frites	brambůrky	bramboûrki
fromage	sýr	ssiir
glace	zmrzlinu	zm^{ou}rzlinnou
lait	mléko	mlêêko
moutarde	hořčici	horch-tchitsi
oranges	pomeranče	pomèranntchè
œufs	vajíčka	vayiitchka
petit pain	housky	ho-ousski
poivre	pepř	pèprch
pommes	jablka	yab^{ou}lka
raisin	hrozny	hrozni
(sachets de) thé	čaj	tchay
saucisses	salám	ssalaam
sel	sůl	ssoûl
sucre	cukr	couk^{ou}r
yaourt	jogurt	yogourt

Pain *Chleb*

Traditionnellement, le pain tchèque était à base de seigle (*žitný chleb*), mais son équivalent moderne est fait d'un mélange de seigle et de froment.

Le pain bis (*hnědý chléb*) est riche, tendre et malté, et peut être mangé sans rien d'autre.

Le pain blanc est surtout disponible sous forme de sortes de croissants droits et salés (*rohlíky*) ou de petits pains tressés, avec du gros sel et des graines de carvi (*kousky*). Ce pain est très similaire au pain français dans la mesure où il n'est bon que frais.

Excursions

En avion *Letadlo*

Les vols intérieurs sont assurés par la ČSA, avec des liaisons entre Prague, Bratislava, Poprad et Košice. En été, il est préférable de réserver son vol une semaine à l'avance.

Y a-t-il un vol pour Prague?	**Je možné letět do Prahy?**	yè mojnêê lètyèt do pra-hi
Y a-t-il un vol direct?	**Je to přímý let?**	yè to prchiimii lèt
A quelle heure part le prochain vol pour Brno?	**Kdy letí příští letadlo do Brna?**	gdi lètyii prchiichtyii lètadlo do b^{ou}rna
Y a-t-il une correspondance pour Poprad?	**Má to spojení do Popradu?**	maa to sspoyègnii do popradou
Je voudrais un billet pour Karlovy Vary.	**Chtěl(a) bych letenku do Karlových Varů.**	кнtyèl(a) bікн lètènnkou do karloviikн varoû
aller simple	**jedním směrem**	yèdgniim ssmyèrèm
aller-retour	**zpáteční**	sspaatètchgnii
classe affaires	**business třídu**	bizniss trchiidou
siège près de l'allée	**sedadlo u uličky**	ssèdadlo ou-oulitchki
siège près de la fenêtre	**sedadlo u okna**	ssèdadlo ou-okna
A quelle heure l'avion décolle-t-il?	**V kolik hodin to letí?**	fkolik hodyin to lètyii
A quelle heure dois-je me présenter pour l'enregistrement?	**Kdy se musíme odbavit?**	gdi ssè moussiime odbavit
Y a-t-il un bus pour l'aéroport?	**Jede na letiště autobus?**	yèdè nalètyichtye aoutobouss
Quel est le numéro de vol?	**Jaké je číslo letu?**	yakêê yè tchiisslo lètou
A quelle heure arrivons-nous?	**V kolik je přílet?**	fkolik yè prchiilèt
Je voudrais... ma réservation.	**Chtěl(a) bych... mou rezervaci.**	кнtyèl(a) bікн... mo-ou rèzèrvatsi
annuler	**zrušit**	zrouchit
changer	**změnit**	zmyègnit
confirmer	**potvrdit**	potv^{ou}rdyit

PŘÍLETY ARRIVÉE	ODLETY DÉPART

En train *Vlak*

Les chemins de fer tchèques (*České státní dráhy, ČSD*) disposent d'un réseau bien développé couvrant l'ensemble du territoire et desservant la plupart des villes. Les trains bénéficient d'une 1ère et d'une 2e classe, sont généralement confortables et fréquents mais pas toujours à l'heure ni très propres, donc utilisez les services les plus rapides. Les trains ayant tendance à être bondés, évitez si possible de voyager le vendredi après-midi ou le samedi matin.

Dans certains trains, il vous faudra non seulement un billet, mais aussi une réservation (*místenku*) que vous pourrez acheter au guichet des réservations de la gare (*rezervace*) ou bien au guichet de vente au préalable des billets (*předprodejní kancelái*). Sur les fiches horaires, les trains pour lesquels une réservation est obligatoire sont marqués d'un R encadré, et ceux pour lesquels elle est recommandée, d'un R encerclé. Pour les réservations internationales, adressez-vous aux bureaux ARES ou ČEDOK.

Les compartiments de première classe accueillent jusqu'à six personnes, ceux de seconde, huit. Il y a aussi des compartiments fumeurs. Vous pouvez acheter vos billets dans les gares et les agences de voyage. De nombreuses réductions sont accordées, telles que les tarifs étudiants et les cartes d'abonnement pour touristes. La carte Inter-Rail est valable dans les Républiques tchèque et slovaque.

Expresní (èxprèssgnii)	trains rapides, reliant entre elles les villes principales
Rychlík (riкHliik)	trains express desservant seulement les grandes villes; souvent à supplément
Spěšný (sspyèchnii)	trains moins rapides et s'arrêtant plus fréquemment

Osobní vlak
(ossobgnii vlak)

trains omnibus, familièrement connus sous le nom de *lokálka*; à éviter pour de longs trajets

Spací vagón
(sspatsii vagaunn)

couchettes bon marché exploitées par les chemins de fer tchèques sur les trains de nuit effectuant de longs trajets; à réserver longtemps à l'avance

Pour aller à la gare *Na nádraží*

Où est la gare?	**Kde je nádraží?**	gdè yè naadrajii
Taxi!	**Taxi!**	taxi
Conduisez-moi à la...	**Zavezte mne na ...**	zavèsstè mnè na
gare principale	**hlavní nádraží**	hlavgnii naadrajii
Combien coûte le billet?	**Kolik to stojí?**	kolik to ssstoyii

NÁSTUP	ENTRÉE
VÝSTUP	SORTIE
K NÁSTUPIŠTÍM	ACCÈS AUX QUAIS
INFORMACE	RENSEIGNEMENTS

Où est...? *Kde je...?*

Où est...?	**Kde je...?**	gdè yè
bar	**výčep**	viitchèp
bureau de change	**směnárna**	ssmyènnaarna
bureau de réservations	**pokladna pro rezervaci**	pokladna prorèzèrvatsi
bureau des objets trouvés	**ztráty a nálezy**	sstraati a naalèzi
consigne	**úschovna zavazadel**	oûss-кнovna zavazadèl
consigne automatique	**skřínky na zavazadla**	skrchiinnki nazavazadla
guichet	**pokladna**	pokladna
kiosque à journaux	**novinový stánek**	novinnovii staannèk
quai 7	**nástupiště 7**	naastoupichtyè 7
restaurant	**restaurace**	rèstaouratsè
salle d'attente	**čekárna**	tchèkaarna
snack bar/buffet	**občerstvení**	optchèrstvègnii
Où sont les toilettes?	**Kde jsou toalety?**	gdè ssou toalèti

TAXIS, voir page 21/RÉSERVATION D'HÔTEL, page 19

Renseignements *Informace*

A quelle heure part le... train pour Plzen?	**Kdy jede... vlak do Plzně?**	gdi yèdè... vlak do p^{ou}lzgnè
premier/dernier/ prochain	**první/poslední/ příští**	p^{ou}rvgnii/poslèdgnii/ prchiichtyii
A quelle heure part le train pour Karlovy Vary?	**V kolik odjíždí vlak do Karlových Varů?**	fkolik odyiidyii vlak do karloviikH varoů
Combien coûte un billet pour Olomouc?	**Kolik stojí lístek do Olomouce?**	kolik ssstoyii liistèk do olomoutsè
Est-ce un train direct?	**Je to rychlík?**	yè to riкHliik
Y a-t-il une correspondance pour...?	**Má to spojení do...?**	maa to sspoyègnii do
Est-ce-que je dois changer de train?	**Musím přestupovat?**	moussim prchèsstoupovat
Y a-t-il assez de temps pour changer?	**Mám čas na přestup?**	maam tchass naprchèsstoup
Le train est-il à l'heure?	**Jede ten vlak na čas?**	yèdè tènn vlak natchass
A quelle heure le train arrive-t-il à Vienne?	**V kolik přijedeme do Vídně?**	fkolik prchiyèdèmè do viidgnè
Y a-t-il un wagon-restaurant/wagon-lit dans le train?	**Je v tom vlaku jídelní vůz/spací vůz?**	yè ftom vlakou yiidèlgnii voůss/sspatsii voůss
Le train s'arrête-t-il à Konopiste?	**Staví ten vlak v Konopišti?**	ssta-vii tènn vlak f konnopichtyi
De quel quai part le train pour Kosice?	**Ze kterého nástupiště jede vlak do Košic?**	zèktèrêê-ho naasstoupichtyè yèdè vlak do kochits
Sur quel quai arrive le train de Prague?	**Na které nástupiště přijede vlak z Prahy?**	naktèrêê naasstoupichtyè prchiyèdè vlak ss pra-hi
Je voudrais un horaire, s.v.p.	**Máte jízdní řád?**	maatè yiizdgnii rchaat

PŘÍJEZD ARRIVÉE	**ODJEZD** DÉPART

TAXI, voir page 21

Musíte přestoupit ve...	Vous devez changer à...
Přestoupíte ve... na lokálku.	Changez à... et prenez un omnibus.
Sedmé nástupiště je...	Le quai numéro 7 est...
tamhle/nahoře	là-bas/en-haut
nalevo/napravo	à gauche/à droite
Vlak do...	Il y a un train pour...
Váš vlak jede z osmého nástupiště.	Votre train partira du quai numéro 8.
Vlak má... minut zpoždění.	Il a... minutes de retard.
První třída je vepředu/uprostřed/ vzadu.	Première classe à l'avant/au milieu/à l'arrière.

Billets *Jízdenky*

Je voudrais un billet pour Ceske Budejovice.	**Chtěl(a) bych jízdenku do Českých Budějovic.**	KHtyèl(a) biKH yiizdènnkou do tchèsskiiKH boudyè-yovits
aller simple	**jedním směrem**	yèdgniim ssmyèrèm
aller-retour	**zpáteční**	sspaatètchgnii
première/deuxième classe	**první/druhou třídu**	p^{ou}vgnii/drou-ho-ou trchiidou
demi-tarif	**za poloviční cenu**	zapolovitchgnii tsènnou

Réservations *Reservace*

Je voudrais réserver un/une...	**Chci si rezervovat...**	KHtsi ssi rèzèrvovat
siège (près de la fenêtre)	**jedno místo (u okna)**	yèdno miisto (ou-okna)
couchette	**... lůžko**	loûchko
supérieure	**horní**	horgnii
au milieu	**střední**	sstrchèdgnii
inférieure	**spodní**	spodgnii
couchette dans le wagon-lit	**lůžko ve spacím voze**	loûchko vèsspaciim vozè

Dans le train *Nastupovat*

Est-ce bien le bon quai pour le train de Hradec Králové?	**Jede vlak do Hradce Králové z tohoto nástupiště?**	yèdè vlak do hradtsè kraalovêê sstohoto naasstoupichtyè
Est-ce bien le bon train pour Břeclav?	**Je tohle vlak do Břeclavi?**	yè to-hlè vlak do brchèclavi
Pardon, puis-je passer?	**Promiňte, prosím. Mohl(a) bych projít?**	promigntè prossiim. moh^{oul} (mo-hla) biкн proyiit
Cette place est-elle occupée?	**Je tohle sedadlo obsazené?**	yè to-hlè ssèdadlo opssazènnêê

KUŘÁCI	NEKUŘÁCI
FUMEURS	NON-FUMEURS

Je crois que c'est ma place.	**Tohle je asi moje místo.**	to-hlè yè assi moyè miissto
Pourriez-vous m'avertir quand nous arriverons à Cheb?	**Mohl(a) byste mi říct než přijedeme do Chebu?**	moh^{oul} [mo-hla] bisstè mi rchiitst nèsh prchiyèdèmè doкнèbou
C'est quelle gare?	**Co je to za stanici?**	tso yè to zasstagnitsi
Combien de temps le train s'arrête-t-il ici?	**Jak dlouhá je tato zastávka?**	yak dlo-ou-haa yè tato zasstaafka
A quelle heure arrivons-nous à Ostrava?	**Kdy přijedeme do Ostravy?**	gdi prchiyèdèmè do osstravi

Wagon-lit *Lůžkový vůz*

Y a-t-il des compartiments libres dans le wagon-lit?	**Máte volná lůžka ve spatsím voze?**	maatè volnaa loûchka vèsspatsiim vozè
Où est le wagon-lit?	**Kde je lůžkový vůz?**	gde yè loûchkovii voûss
Où est ma couchette?	**Kde je moje lůžko?**	gde yè moyè loûchko

HEURES, voir page 153/CHIFFRES, page 147

Je voudrais la couchette du bas, s.v.p.	**Chtěl(a) bych spodní lůžko.**	кнtуèl(a) bікн sspodnii loûchko
Pouvez-vous préparer nos couchettes, s.v.p.?	**Mohl[a] byste nám ustlat?**	moh^{ou}l [mo-hla] bisstè naam oustlat
Pourriez-vous me réveiller à 7 heures?	**Vzbuďte nás, prosím, v sedm hodin.**	vzboutуtè naass prossiim fssedoum hodyin

Wagon-restaurant *Jídelní vůz*

Les trains express comportent en général un wagon restaurant ou un buffet.

Où est le wagon-restaurant?	**Kde je jídelní vůz?**	gdè yè yiidèlgnii voûss

Bagages — Porteurs *Zavazadla—Nosiči*

Porteur!	**Nosič!**	nossitch
Pouvez-vous porter mes bagages?	**Můžete nám vzít zavazadla?**	moûjètè naaam vziit zavazadla
Où sont les chariots à bagages?	**Kde jsou vozíky na zavazadla?**	gdè sso-ou voziiki nazavazadla
Où est la consigne automatique?	**Kde jsou skříňky na zavazadla?**	gdè sso-ou skrchiinnki nazavazadla
Où est la consigne?	**Kde je úschovna zavazadel?**	gdè yè oûss-кноvna zavazadèl
Je voudrais déposer mes bagages, s.v.p.	**Já si tady chci nechat zavazadla.**	yaa ssi tadi кнci nèкнat zavazadla
Je voudrais faire enregistrer mes bagages.	**Chci si nechat odbavit zavazadla.**	кнtsi ssi nèкнat odbavit zavazadla

> **ODBAVENÍ ZAVAZADEL**
> ENREGISTREMENT DES BAGAGES

PORTEUR, voir aussi page 18

En métro *Metro*

Prague est la seule ville assez grande pour accueillir un métro, qui constitue le moyen le plus rapide et le plus pratique de s'y déplacer. Chaque station est construite dans une pierre différente, et elles sont toutes maintenues dans un état de propreté impeccable. Les rames circulent de 5 h. à 12 h 30.

Les stations sont indiquées par un M inséré dans une flèche pointée vers le bas. Les tickets, qui s'achètent aux distributeurs à l'entrée, sont valables sur toutes les lignes pendant une heure et demie. Vous pouvez aussi acheter un ticket valable pendant 24 h dans tous les transports publics de la ville.

Des plans du métro sont affichés dans toutes les stations, ainsi qu'à l'intérieur des rames, dans lesquelles on annonce chaque station où l'on entre.

Où est la station de métro la plus proche?	**Kde je nejbližší stanice metra?**	gdè yè nèyblichii sstagnitsè mètra
Est-ce-que cette rame va à ...?	**Tahle linka jede do ...?**	ta-hlè linnka yèdè do
Où dois-je changer pour aller à ...?	**Kde musím přestoupit na ...?**	gdè moussiim prchèsstoupit na
La prochaine station est-elle bien ...?	**Příští stanice je ...?**	prchiichtyii sstagnitsè yè
Quelle ligne dois-je prendre pour ...?	**Která linka jede do ...?**	kteraa linnka yèdè do

En autocar *Dálkový autobus*

Des services d'autocar relient les grandes villes; ils sont généralement plus chers, mais aussi plus rapides, que les trains. Sur certains parcours, il est recommandé de réserver vos places à l'avance. On vous fera parfois payer un supplément pour vos bagages.

A quelle heure part le prochain car pour ...?	**Kdy jede příští autobus do ...?**	gdi yèdè prchiichtyii aoutobouss do
Ce car s'arrête-t-il à ...?	**Staví tento autobus ve ...?**	sstavii tènnto aoutobouss ve
Combien de temps dure le trajet?	**Jak dlouho ta cesta trvá?**	yak dlo-ou-ho ta tsèssta t^{ou}rvaa

En bus—En tram *Autobus—Tramvaj*

La plupart des transports urbains fonctionnent sans conducteur.
Il faut donc acheter son titre de transport à l'avance. Les tickets
s'achètent dans les bureaux de tabac (*tabák*), dans les maisons
de la presse, et dans les halls d'accueil des hôtels.

Compostez votre ticket à la montée dans le tram, et conser-
vez-le, car des contrôleurs en civil surgissent par surprise et
infligent de lourdes amendes aux resquilleurs.

Les trams (*tramvaj* ou *eletrika*) circulent dans certains centre-
ville, et on trouve des trolley-bus dans quelques villes.

Je voudrais un carnet de tickets.	**Chtěl(a) bych blok jízdenek.**	ĸʜtyèl(a) biĸʜ blok yiizdènnèk
Quel tram va au centre-ville?	**Která tramvaj jede do centra?**	ktèraa tramvay yèdè dotsènntra
Où puis-je prendre un bus pour l'opéra?	**Odkud jede autobus k opeře?**	otkud yèdè aoutobouss kopèrchè
Quel bus dois-je prendre pour aller à la Place Venceslas?	**Který autobus jede na Václavské náměstí?**	ktèrii aoutobouss yèdè na vaaclafsskéê naamyèsstyii
Où est l'arrêt de bus?	**Kde je stanice autobusů?**	gdè yè sstagnitsè aoutoboussoù
A quelle heure est le… train pour le «Petit Côté»?	**Kdy jede … autobus na Malou Stranu?**	gdi yèdè… aoutobouss na malo-ou stranou
premier/dernier/prochain	**první/poslední/příští**	pᵒᵘrvgnii/posslèdgnii/prchiichtyii
Combien coûte un ticket pour…?	**Kolik to stojí do…?**	kolik to ssstoyii do
Est-ce-que je dois changer de bus?	**Musím přestoupit?**	moussiim prchèsstoupit
Combien y a-t-il d'arrêts jusqu'à…?	**Kolik je to stanic do…?**	kolik yè to sstagnits do
Pourriez-vous me dire quand je dois descendre?	**Řekněte mi kdy mám vystoupit?**	rchèknète mi gdi maam vissto-oupit
Je voudrais descendre à la Galerie nationale.	**Chci vystoupit u Národní galerie.**	ĸʜtsi vissto-oupit ou naarodgnii galèriyè

ZASTÁVKA AUTOBUSU	ARRÊT DE BUS
ZASTÁVKA NA POŽÁDÁNÍ	ARRÊT SUR DEMANDE

En bateau *Lodní doprava*

Outre les excursions en bateau sur la Vltava au départ de Prague, le seul service de bateaux important fait la navette entre Bratislava et Vienne sur le Danube (*Dunaj*).

A quelle heure part le prochain bateau pour…?	**Kdy jede příští loď do …?**	gdi yèdè prchiichtyii loty do
Où s'effectue l'embarquement?	**Kde se nalodíme?**	gdè ssè nalodyiimè
Combien de temps dure la traversée?	**Jak dlouho trvá přeplava?**	yak dlo-ou-ho t^ourvaa prchèprava
Quel(s) port(s) ce bateau dessert-il?	**Ve kterých přísta-vištích zastavíme?**	vèktèriiкн prchiisstavichtyiiкн zasstaviimè
bateau	**jet lodí**	yèt lodyii
bateau	**loď**	loty
bateau à vapeur	**parník**	pargniik
cabine simple/double	**kabinu jednolůžkovou/ dvoulůžkovou**	kabinou yèdnoloûchkovo-ou/dvo-ouloûchkovo-ou
ferry	**převoz**	prchèvoss
gilet/canot de sauvetage	**záchranný pas/člun**	zaaкнrannii pass/tchlounn
hydrofoil	**křídlový člun**	krchiidlovii tchlounn
pont	**paluba**	palouba
port	**přístav**	prchiisstaf
promenade sur la rivière	**cesta říční lodí**	cèssta rchiitchgnii lodyii

Autres moyens de transport *Jiné dopravní prostředky*

hélicoptère	**helikoptéra**	hèlikoptêêra
mobylette (vélomoteur)	**moped**	mopèt
moto (motocyclette)/ scooter	**motocykl/skútr**	mototsik^oul/sskoûter
téléphérique	**lanovka**	lannofka

Ou peut-être préférez-vous:

faire de l'auto-stop	**stopování**	sstopovaagnii
marcher	**jít pěšky**	yiit pyèchki
Je voudrais louer une bicyclette.	**Chci si pronajmout kolo.**	кнtsi ssi pronaymo-out kolo

En voiture *Auto*

La limitation de vitesse est de 130 km/h sur les autoroutes principales, 90 km/h sur les autres routes et 60 km/h en ville. La police peut vous infliger une amende sur place.

Il vous faudra peut-être procurer des bons d'essence (*poukázka na benzín*) à la frontière, car il se peut que les stations-services n'acceptent pas l'argent liquid.

Où est la station-service la plus proche?	**Kde je nejbližší benzínová pumpa?**	gdè yè nèyblichii bènnzinnovaa poumpa
Le plein, s.v.p.	**Prosím, plnou nádrž.**	prossiim p^{ou}lno-ou naad^{ou}rch
Mettez-moi... litres d'essence, s.v.p.	**Dejte mi... litrů benzínu.**	dèytè mi... litroû bènnzinnou
super/ordinaire/sans plomb/diesel	**super/normálu/ bezolovnatého benzínu/nafty**	ssoupèr/normaalou/ bèzolovnatêê-ho bennzinnou/nafti
Pouvez-vous vérifier le/la/les...	**Zkontrolujte prosím...**	sskonntrolouytè prossiim
batterie	**baterii**	batèriyi
huile/eau	**olej/vodu**	olèy/vodou
liquide des freins	**brzdovou tekutinu**	b^{ou}rzdovo-ou tèkoutyinnou
Pourriez-vous vérifier la pression des pneus?	**Mohl[a] byste zkontrolovat tlak pneumatik?**	moh^{ou}l [mo-hla] bisstè sskonntrolovat tlak pne-oumatik
1,6 à l'avant, 1,8 à l'arrière.	**Jedna celá šest vepředu, jedna celá osm vzadu.**	yèdnaa tsèlaa chèst vèprchèdou yèdna tsèlaa ossoum vzaadou
Pouvez-vous aussi vérifier la roue de secours	**Zkontrolujte i náhradní pneumatiku.**	sskonntrolouytè i naahradgnii pne-oumatikou
Pouvez-vous réparer cette crevaison?	**Můžete spravit tuhle píchlou duši?**	moùjètè sspravit tou-hlè piiκΗlo-ou douchi
Pourriez-vous changer..., s.v.p.?	**Mohl[a] byste vyměnit...?**	moh^{ou}l [mo-hla] bisstè vimyègnit
ampoule	**žárovku**	jaarofkou
bougies	**svíčky**	ssviitchki
courroie du ventilateur	**náhonný řemen větráku**	naa-honnii rchèmènn vyètraakou
essuie-glaces	**stěrače**	sstyèratchè
pneu	**pneumatiku**	pne-oumatikou

LOCATION DE VOITURES, voir page 20

| Pourriez-vous nettoyer le pare-brise, s.v.p.? | **Mohl[a] byste umýt přední sklo?** | moh°ul [mo-hla] bisstè oumiit prchèdgnii ssklo |

Pour demander son chemin *Ptát se na cestu*

Pour aller à..., s.v.p.?	**Mohl[a] byste mi říct jak se dostanu do...?**	moh°ul [mo-hla] bisstè mi rchiitst yak ssè dostannou do
Dans quelle direction se trouve...?	**Kterým směrem je...?**	ktèriim ssmyèrèm yè
Comment puis-je aller à...?	**Jak se dostanu do...?**	yak ssè dosstannou do
Nous sommes bien sur la bonne route pour aller à...?	**Jdeme správným směrem na...?**	dèmè sspraavniim ssmyèrèm na
A quelle distance se trouve le prochain village?	**Jak daleko je to do příští vesnice?**	yak dalèko yè to do prchiichtyii vèssgnitsè
A quelle distance sommes-nous de...?	**Jak daleko je to odsud do...?**	yak dalèko yè to otssoud do
Y a-t-il une autoroute?	**Je tam dálnice?**	yè tam daalgnitsè
Il faut combien de temps en voiture/à pied?	**Jak dlouho to trvá autem/pěšky?**	yak dlo-ou-ho to t°urvaa aoutèm/pyèchki
Puis-je aller au centre-ville en voiture?	**Můžu dojet do centra města?**	moûjou doyèt dotsènntra myèssta
Est-il permis de circuler dans le centre-ville?	**Je centrum otevřené pro auta?**	yè tsènntrum otèvrchènnêê pro-aouta
Pouvez-vous me dire où se trouve...?	**Mohl[a] byste mi říct kde je...?**	moh°ul [mo-hla] bisstè mi rchiitst gdè yè
Comment puis-je trouver cet endroit/adresse?	**Jak se dostanu na toto místo/na tuto adresu?**	yak ssè dosstannou natoto miissto/na touto adressou
Où est-ce?	**Kde je tohle?**	gdè yè to-hlè
Pouvez-vous m'indiquer sur la carte où je me trouve?	**Mohl[a] byste mi ukázat na mapě kde jsem?**	moh°ul [mo-hla] bisstè mi oukaazat namapyè gdè ssèm

Vy jste na špatné silnici.	Vous êtes sur la mauvaise route.
Jed'te/běžte rovně.	Allez tout droit.
To je tam dole po levé/pravé straně.	C'est là-bas à gauche/droite.
vedle/po...	à côté de/après...
naproti/za...	en face/derrière...
na sever/na jih na východ/na západ	au nord/au sud à l'est/à l'ouest
Jed'te/běžte na první/druhou křižovatku.	Allez jusqu'au premier/deuxième carrefour.
Zahněte vlevo u semaforu.	Tournez à gauche aux feux.
Zahněte vpravo na příštím rohu.	Tournez à droite au prochain coin de rue.
Jed'te/běžte... ulicí.	Prenez la... rue.
To je jednossměrná ulice.	C'est une rue à sens unique.
Musíte se vrátit do...	Il faut retourner à...
Sledujte směrovky do Plzně.	Suivez la direction de Plzen.

Stationnement *Parkování*

A Prague, afin de limiter les embouteillages, il est conseillé aux visiteurs de se garer en dehors du centre-ville et d'utiliser les transports en commun. Dans les zones où un permis de stationner (*parkovací lístek*) est exigé, les voitures non autorisées risquent d'être emmenées à la fourrière.

Où puis-je me garer?	**Kde můžu zaparkovat?**	gdè moûjou zaparkovat
Y a-t-il un parking près d'ici?	**Je tu blízko parkoviště?**	yè tou bliissko parkovichtyè
Puis-je me garer ici?	**Můžu tady parkovat?**	moûjou tadi parkovat
Combien de temps puis-je stationner ici?	**Jak dlouho tu můžu parkovat?**	yak dlo-ou-ho tou moûjou parkovat
Quel est le tarif par heure?	**Kolik se platí za hodinu?**	kolik ssè platyii zahodyinnou
Avez-vous de la monnaie pour le parcmètre?	**Máte drobné na parkovací hodiny?**	maatè drobnêè na parkovatsii hodyinni

Pannes—Assistance routière *Porucha—Silniční pomoc*

Les «anges jaunes», mécaniciens motorisés du service de dépannage Autoturist, viennent à la rescousse des automobilistes en détresse. Il y a plusieurs garages qui effectueront des réparations dans le pays. Sur l'autoroute, utilisez les téléphones d'urgence; ailleurs, appelez la police au 158. Un nombre croissant de garages privés offrent des services plus flexibles que les garages d'Etat; ils restent ouverts plus tard le soir et travaillent plus rapidement.

Où se trouve le garage le plus proche?	**Kde je nejbližší garáž?**	gdè yè nèyblichii garaach
Ma voiture est tombée en panne.	**Mně se pokazilo auto.**	mgnè ssè pokazilo aouto
Puis-je me servir de votre téléphone?	**Mohl(a) bych si zatelefonovat?**	moh^{ou}l (mo-hla) bikн ssi zatèlèfonnovat
Je suis tombé(e) en panne à…	**Mně se porouchalo auto ve…**	mgnè ssè poro-ouкнalo aouto vè
Pouvez-vous m'envoyer un mécanicien?	**Můžete mi poslat mechanika?**	moûjètè mi posslat mèкнannika
Je n'arrive pas à démarrer.	**Moje auto nechce startovat.**	moyè aouto nèкнtsè sstartovat
La batterie est à plat.	**Baterie je vybitá.**	batèriyè yè vibitaa
Je n'ai plus d'essence.	**Došel mi benzin.**	dochèl mi bènnzinn
J'ai un pneu à plat.	**Píchl(a) jsem.**	piiкн^{ou}l (piiкнla) ssèm
Le moteur chauffe.	**Motor se přehřívá.**	motor ssè prchèhrchiivaa
J'ai un problème avec…	**Nefunguje dobře…**	nèfounn-gou-yè dobrchè
carburateur	**karburátor**	karbouraator
freins	**brzdy**	b^{ou}rzdi
pot d'échappement	**výfuk**	viifouk
radiateur	**radiátor**	radiaator
roue	**kolo**	kolo
Pouvez-vous m'envoyer une dépanneuse?	**Mohli byste poslat havarijní službu?**	mo-hli bisstè mi posslat havariygnii ssloujbou
Combien de temps faut-il compter?	**Jak vám to bude dlouho trvat?**	yak vaam to budè dlo-ou-ho t^{ou}rvat
Pouvez-vous me faire un devis?	**Jaká je odhadní cena?**	jakaa yè odhadgnii tsèna

Accident—Police *Nehoda—Policie*

Appelez la police, s.v.p.	**Zavolejte, prosím, policii.**	zavolèytè prossiim politsiyi
Il y a eu un acident à environ 2 km de…	**Tady se stala nehoda. Je to asi dva kilometry od…**	tadi ssè sstala nè-hoda. yè to assi dva kilomètri od
Où y a-t-il un téléphone?	**Kde najdu telefon?**	gdè naydou tèlèfonn
Appelez d'urgence un médecin/une ambulance.	**Zavolejte rychle lékaře/ambulanci.**	zavolèytè riкHlè lêêkarchè/amboulantsi
Il y a des blessés.	**Jsou tady zranění lidé.**	sso-ou tadi zragnègnii lidêê
Voici mon permis de conduire.	**Tady je můj řidičský průkaz.**	tadi yè moûy rchidyitchskii proûkass
Quels sont vos nom et adresse?	**Jak se jmenujete a kde bydlíte?**	yak ssè mènnou-yète a gdè bidliitè
Quelle est le nom de votre compagnie d'assurance?	**Kterou pojišťovnu používáte?**	ktèro-ou po-yichtyovnou po-oujiivaatè

Panneaux routiers *Dopravní značky*

DEJ PŘEDNOST	Cédez le passage
KONEC DÁLNICE	Fin de voie express
JEDNOSSMĚRNÝ PROVOZ	Sens unique
NA SILNICI SE PRACUJE	Travaux
NEBEZPEČÍ	Danger
NEBEZPEČÍ SMYKU	Route glissante
NEVSTUPUJTE	Sens interdit
OBJÍŽĎKA	Déviation
OPATRNĚ	Prudence
PĚŠÍ ZÓNA	Zone piétonne
PODCHOD	Passage souterrain
POZOR	Attention
STŮJ	Stop
SNÍŽIT RYCHLOST	Ralentir
ŠKOLA	Ecole
VCHOD	Entrée
VJEZD ZAKÁZÁN	Entrée interdite
VÝCHOD	Sortie
ZÁKAZ PARKOVÁNÍ	Stationnement interdit
ZÁKAZ PŘEDJÍŽDĚNÍ	Dépassement interdit
ZÁKAZ VJEZDU	Sens interdit
ZÁKAZ ZASTAVENÍ	Arrêt interdit

URGENCES, voir page 156

Visites touristiques

Où est l'office du tourisme?	Kde jsou turistické informace?	gdè sso-ou tourisstitskêê innformatsè
Quelles sont les curiosités principales?	Která jsou nej-zajímavější místa?	ktèraa sso-ou nèyzajiimavyèychii miissta
Nous sommes ici pour...	My jsme tady...	mi ssmè tadi
quelques heures seulement	jen několik hodin	yènn gnèkolik hodyinn
un jour	jeden den	yèdènn dènn
une semaine	jeden týden	yèdènn tiidènn
Pouvez-vous nous conseiller une visite de la ville/une excursion?	Můžete nám dopo-ručit vyhlídkovou cestu?	moûjètè naam doporoutchit vi-hliitkovo-ou tsèsstou
D'où partons-nous?	Odkud to odjíždí?	otkout to odyiijdyii
Le bus nous prendra-t-il à l'hôtel?	Zastaví se pro nás ten autobus v hotelu?	zasstavii ssè pro naass tènn aoutobouss vhotèlou
Quel est le coût de la visite/excursion?	Kolik ta exkurse stojí?	kolik ta exkourssè sstoyii
A quelle heure commence la visite?	V kolik hodin začíná ta exkurse?	fkolik hodyinn zatchiinnaa ta exkourssè
Le déjeuner est-il compris?	Je v tom započí-taný oběd?	yè ftom zapotchiitaan obyèt
A quelle heure serons-nous de retour?	V kolik hodin budeme zpátky?	fkolik hodyinn boudèmè sspaatki
Aurons-nous un peu de temps libre à...?	Máme volný čas v...?	maamè volnii tchass v
Y a-t-il un guide qui parle français?	Je tam francouzsky mluvící průvodce?	yè tam franntso-oussky mlouviitsii proûvottsè
Je voudrais louer les services d'un guide privé pour...	Mohu si najmout soukromého prů-vodce na...	mo-hou ssi naymo-out so-oukromêê-ho proûvottsè na
une demi-journée	půl dne	poûl dnè
une journée	den	dènn

Où est/Où sont…?	Kde je/Kde jsou…?	gdè yè/gdè sso-ou
abbaye	**opatství**	opatsstvii
bâtiment	**budova**	boudova
bibliothèque	**knihovna**	kgni-hovna
bourse	**bursa**	bourssa
catacombes	**katakomby**	katakombi
cathédrale	**katedrála**	katèdraala
centre-ville	**centrum města**	tsènntrum myèssta
chapelle	**kaple**	kaplè
château	**zámek**	zaamèk
cimetière	**hřbitov**	hrchbitof
couvent	**klášter**	klaachtèr
église	**kostel**	kosstèl
exposition	**výstava**	viisstava
foire	**pouť**	po-outy
fontaine	**fontána**	fonntaanna
forteresse	**pevnost**	pèvnosst
galerie de peinture	**galerie**	galèriyè
grotte	**jeskyně**	yèsskignè
hôtel de ville	**radnice**	radgnitsè
jardins	**zahrady**	zahradi
jardins botaniques	**botanická zahrada**	botannitskaa zahrada
lac	**jezero**	yèzèro
marché	**trh**	t^{ou}rкн
monastère	**klášter**	klaachtèr
monument	**památník**	pamaatgniik
monument commémoratif	**pomník**	pomgniik
musée	**muzeum**	muzèum
opéra	**operní divadlo**	opèrgnii divadlo
palais	**palác**	palaats
palais de justice	**soud**	sso-out
palais royal	**královský palác**	kraalofsskii palaats
parc	**park**	park
parlement	**budova parlamentu**	boudova parlamènntou
place	**náměstí**	naamyèsstyii
planétarium	**planetárium**	plannètaarium
port	**přístav**	prchiisstaf
quai	**nábřeží**	naabrchèjii
quartier des affaires	**obchodní čtvrt**	opкнodgnii tchtv^{ou}rt
quartier des artistes	**čtvrt umělců**	tchtv^{ou}rt oumyèltsoû
ruines	**zřícenina**	zrchiitsènninna
salle de concerts	**koncertní síň**	konntsèrtgnii ssiign
stade	**stadión**	sstadiaunn
statue	**socha**	ssoкнa
théâtre	**divadlo**	dyivadlo

tombe	**hrobka**	hropka
tour	**věž**	vyèch
université	**univerzita**	ounnivèrzita
vieille ville	**staré město**	sstarêê myèssto
zoo	**zoologická zahrada**	zoologitskaa zahrada

A l'entrée *Přístup*

Est-ce-que... est ouvert(e) le dimanche?	**Je... otevřeno v neděli?**	yè... otèvrchènno vnèdyèli
Quelles sont les heures d'ouverture?	**Jaká je otevírací doba?**	yakaa yè otèviiratsii doba
A quelle heure ferme-t-il/elle?	**V kolik se zavírá?**	fkolik ssè zaviiraa
Combien coûte l'entrée?	**Kolik stojí vstup?**	kolik sstoyii fsstoup
Y a-t-il des réductions pour les...?	**Je tu sleva pro...?**	yè tou sslèva pro
enfants	**děti**	dyètyi
étudiants	**studenty**	sstoudènnti
groupes	**skupiny**	sskoupinni
handicapés	**tělesně postižené**	tyèlèssgnè posstijènnêê
retraités	**důchodce**	doûкнotcè
Avez-vous un guide en français?	**Máte průvodce v francouzštině?**	maatè proûvottse vèfranntso-ouss-chtignè
Puis-je acheter un catalogue?	**Mohu si koupit katalog?**	mo-hou ssi ko-oupit katalog
Est-il permis de prendre des photos?	**Může se tu fotografovat?**	moûjè ssè tou fotografovat

| **VSTUP ZDARMA** | ENTRÉE GRATUITE |
| **ZÁKAZ FOTOGRAFOVÁNÍ** | APPAREILS-PHOTOS INTERDITS |

Qui—Quoi—Quand? *Kdo—Co—Kdy?*

Quel est ce bâtiment?	**Co je to za budovu?**	tso yè to zaboudovou
Qui était...?	**Kdo byl ten...?**	gdo bil tènn
architecte	**architekt**	arкнitèkt
artiste	**umělec**	oumyèlèts
peintre	**malíř**	maliïrch
sculpteur	**sochař**	soкнarch
Qui l'a construit?	**Kdo to postavil(a)?**	gdo to posstavil(a)
Qui a peint ce tableau?	**Kdo namaloval(a) tento obraz?**	gdo namaloval(a) tènnto obrass
A quelle époque vivait-il (elle)?	**Kdy žil(a)?**	kdi jil(a)
A quand remonte la construction?	**Kdy to bylo postavené?**	gdi to bilo posstavènnêê
Où est la maison où vivait...?	**Kde je ten dům kde bydlel(a)...?**	gdè yè tènn doûm gdè bidlèl(a)
Nous nous intéressons à/aux...	**My máme zájem o...**	mi maamè zaayèm o
antiquités	**starožitnosti**	sstaro-jitnosstyi
archéologie	**archeologii**	arкнèologiyi
art	**umění**	oumyègnii
artisanat	**řemesla**	rchèmèssla
beaux arts	**krásné umění**	kraassnêê oumyègnii
botanique	**botaniku**	botannikou
céramique	**keramiku**	kèramikou
géologie	**geologii**	gèologiyi
histoire	**dějepis**	dyèyèpiss
histoire naturelle	**přírodovědu**	prchiirodovyèdou
médecine	**medicínu**	mèditsiinou
meubles/mobilier	**nábytek**	naabitèk
musique	**hudbu**	houdbou
numismatique	**mince**	minntsè
ornithologie	**ornitologii**	ornitologiyi
peinture	**malířství**	maliïrchsstvii
poterie	**hrnčířství**	hᵒᵘrntchiirstvii
religion	**náboženství**	naabojènnsstvii
sculpture	**sochařství**	ssoкнarchstvii
zoologie	**zoologii**	zoologiyi
Où est la section de...?	**Kde je... oddělení?**	gdè yè... odyèlègnii

C'est...	To je...	to yè
affreux	hrozné	hroznêê
beau	krásné	kraassnêê
étrange	zvláštní	zvlaachtgnii
formidable	obrovské	obrofsskêê
impressionnant	impozantní	impozanntgnii
intéressant	zajímavé	zayiimavêê
joli	hezké	hèsskêê
laid	ošklivé	ochklivêê
magnifique	překrásné	prchèkraassnêê
sinistre	chmurné	кнmournêê
stupéfiant	neuvěřitelné	nè-ouvvèrchitèlnêê
superbe	ohromné	o-hromnêê
terrifiant	úděsné	oûdyèssnêê

Eglises—Services religieux *Kostely—Bohoslužby*

Les Républiques tchèque et slovaque sont principalement catholiques, mais on trouve aussi des synagogues et des églises protestantes dans les grandes villes. La plupart des églises sont ouvertes au public toute la journée, mais certaines sections sont parfois interdites d'accès pendant les services.

Y a-t-il un/une... près d'ici?	Je tady blízko...?	yè tadi bliissko
église catholique	katolický kostel	katolitskii kosstèl
temple protestant	českobratrský kostel	tchèsskobrat^{ou}rsskii kosstèl
mosquée	mešita	mèchita
synagogue	synagoga	sinagoga
A quelle heure est le/la...?	V kolik hodin je...?	fkolik hodyinn yè
messe/service	bohoslužba	bo-hossloujba
Où puis-je trouver un... qui parle français?	Kde najdu... který mluví francouzsky?	gdè naydou... kterii mlouvii franntso-ousski
prêtre/pasteur/rabbin	kněze/českobratr-ského kněze/rabína	kgnèze/tchèssko-brat^{ou}rsskêê-ho kgnèze/rabiinna
Je voudrais visiter l'église.	Rád(a) bych se podíval(a) do kostela.	raat (raada) biкн ssè podyiival(a) dokosstèla

A la campagne *Na venkově*

Y a-t-il une route touristique pour…?	**Je tady malebná trasa do…?**	yè tadi malèbnaa trassa do
A quelle distance sommes-nous de…?	**Jak je to daleko do…?**	yak yè to dalèko do
Pouvons-nous y aller à pied?	**Můžeme tam jít pěšky?**	moûjèmè tam yiit pyèchki
Quelle est l'altitude de cette montagne?	**Jak je vysoká ta hora?**	yak yè vissokaa ta hora
C'est quel type de/ d'…?	**Co je to za…?**	tso yè to za
animal	**zvíře**	zviirchè
arbre	**strom**	sstrom
fleur	**květinu**	kvyètyinnou
oiseau	**ptáka**	ptaaka

Points de repère *Orientační body*

bois	**les**	lèss
cascade	**vodopád**	vodopaat
champ	**pole**	polè
chemin	**pěšina**	pyèchinna
col	**průsmyk**	prchèssmik
colline	**kopec**	kopèts
étang	**rybník**	ribgniik
falaise	**útes**	oûtèss
ferme	**statek**	statèk
forêt	**les**	lèss
jardin	**zahrada**	zahrada
lac	**jezero**	yèzèro
maison	**dům**	doûm
mer	**moře**	morchè
montagne	**hora**	hora
mur	**zeď**	zèty
pic	**vrchol**	v^{ou}rкноl
pont	**most**	mosst
prairie	**louka**	lo-ouka
rivière	**řeka**	rchèka
route	**cesta**	tsèssta
sentier	**pěšina**	pyèchinna
source	**pramen**	pramènn
vallée	**údolí**	oudolii
vigne	**vinice**	vignitsè
village	**vesnice**	vèssgnitsè

POUR DEMANDER SON CHEMIN, voir page 76

Distractions

Cinéma—Théâtre *Kino—Divadlo*

De nombreux films étrangers sont doublés en tchèque; dans les programmes, ils sont identifiés par un carré à côté du titre. D'autres sont montrés en version originale sous-titrée. Les places étant généralement réservées, il vaut mieux retenir longtemps à l'avance.

Ceux qui visitent Prague se doivent de visiter la Laterna Magika, ou une des pantomimes qui marient si bien musique, mime, ballet et film; ou bien un spectacle de marionnettes (*loutkové divadlo*); ou encore un théâtre ambulant (*pouliční divadlo*).

Qu'y a-t-il ce soir au cinéma?	**Co dávají dnes v kině?**	tso daavayii dnèss fkignè
Qu'est-ce-qu'on joue au théâtre?	**Co dávají dnes v divadle?**	tso daavayii dnèss vdyivadlè
C'est quel genre de pièce?	**Jaká je to hra?**	yakaa yè to hra
Qui en est l'auteur?	**Kdo to napsal(a)?**	gdo to napssal(a)
Pouvez-vous nous/me conseiller un/une…?	**Můžete nám doporučit…?**	moûjètè naam doporoutchit
bon film	**dobrý film**	dobrii film
comédie	**komedii**	komèdiyi
comédie musicale	**muzikál**	mouzikaal
Où passe-t-on le nouveau film de…?	**Kde dávají ten nový film režírovaný…?**	gdè daavayii tènn novii film rèjiirovannii
Qui en sont les acteurs?	**Kdo v tom hraje?**	gdo ftom hrayè
Qui joue le rôle principal?	**Kdo hraje hlavní roli?**	gdo hrayè hlavgnii roli
Qui est le metteur en scène?	**Kdo to režíruje?**	gdo to rèjiirou-yè
Dans quel théâtre joue-t-on la nouvelle pièce de…?	**Kde se hraje ta nová hra kterou napsal(a)…?**	gdè ssè hrayè ta novaa hra ktèro-ou napssal(a)

Français	Tchèque	Prononciation
Y a-t-il une pantomime quelque part?	**Kde dávají dnes němohru?**	gdè daavayii dnèss nyèmohrou
A quelle heure le spectacle commence-t-il?	**V kolik to začíná?**	fkolik to zatchiinaa
Y a-t-il des places pour ce soir?	**Máte nějaké lístky na dnes večer?**	maatè gnèyakêê liistki nadnèss vètchèr
Quel est le prix des places?	**Kolik stojí ty lístky?**	kolik sstoyii ti liisstki
Je voudrais réserver deux places pour le spectacle de vendredi soir.	**Chci zamluvit dvě místa na páteční představení.**	кнtsi zamluvit dvyè miissta napaatètchgnii prchètsstavègnii
Je voudrais un billet pour la matinée de mardi?	**Máte lístek na odpolední představení v úterý?**	maatè liisstèk na otpolèdgnii prchètsstavègnii voûtèrii
Je voudrais une place au parterre.	**Chtěl(a) bych lístek v přízemí.**	кнtyèl(a) biкн liisstèk fprchiizèmii
Pas trop loin.	**Ne moc daleko vzadu.**	nè mots dalèko vzadou
Vers le milieu.	**Někde uprostřed.**	gnègdè ouprosstrchèt
Combien coûtent les places au balcon?	**Kolik stojí lístky na prvním balkóně?**	kolik sstoyii liisstki nap^{ou}rvgniim balkaugnè
Puis-je avoir un programme, s.v.p.?	**Program, prosím.**	program prossiim
Où est le vestiaire?	**Kde je šatna?**	gdè yè chatna

Bohužel, máme vyprodáno.	Je suis désolé(e), c'est complet.
Je tu jen pár lístků na první balkón.	Il ne reste que quelques places au balcon.
Ukažte mi lístek.	Votre billet, s.v.p.
Tohle je vaše sedadlo.	Voilà votre place.

JOURS DE LA SEMAINE, voir page 151

Zábava

Opéra—Ballet—Concert *Opera—Balet—Koncert*

Prague offre un excellent choix d'événements musicaux presti-
gieux, et en particulier lors du Festival de Musique Internationale du Printemps. Que ce soit l'Orchestre Philharmonique
Tchèque ou un petit ensemble jouant sur le pont Charles (*Kar-
lův most*), il y en a pour tous les goûts.

Pouvez-vous nous recommander…?	**Můžete nám doporučit…?**	moûjètè naam doporoutchit
ballet	**balet**	balèt
concert	**koncert**	kontsèrt
opéra	**operu**	opèrou
opérette	**operetu**	opèrètou
Où est l'opéra/la salle de concerts?	**Kde je to operní divadlo/koncertní síň?**	gdè yè to opèrgnii dyivadlo/konncèrtgnii ssiign
Qu'y a-t-il ce soir à l'opéra?	**Co dávají dnes večer v opeře?**	tso daavayii dnèss vètchèr vopèrchè
Qui chante/danse?	**Kdo zpívá/tančí?**	gdo sspiivaa/tanntchii
Quel est le nom de l'orchestre?	**Který orchestr hraje?**	ktèrii orкнèssт°u°r hrayè
Que joue-t-on?	**Co je na programu?**	tso yè naprogramou
Qui est le chef d'orchestre/le soliste?	**Kdo je dirigentem/sólistou?**	gdo yè dirigènntem/ssaulissto-ou

Boîtes de nuit—Discothèques *Noční kluby—Diskotéky*

Pouvez-vous nous recommander une bonne boîte de nuit?	**Můžete nám doporučit dobrý noční klub?**	moûjètè naam doporoutchit dobrii notchgnii klup
A-t-il un spectacle de cabaret?	**Je tam varieté?**	yè tam variètêê
A quelle heure commence le spectacle?	**V kolik hodin začíná představení?**	fkolik hodyinn zatchiinnaa prchètsstavègnii
La tenue de soirée est-elle exigée?	**Musíme jít ve večerních šatech?**	moussimè yiit vèvètchèrgniiкн chatèкн
Où pouvons-nous aller danser?	**Kde si můžeme zatančit?**	gdè ssi moûjèmè zatanntchit
Y a-t-il une discothèque en ville?	**Je někde ve městě diskotéka?**	yè gnègdè vmyèsstyè disskotêêka
Voulez-vous danser?	**Chtěl[a] byste si zatančit?**	кнtyèl[a] bisstè ssi zatanntchit

Sports *Sporty*

Les Tchèques et les Slovaques adorent le sport, et vous vous apercevrez qu'ils aiment en parler. Les sports d'été les plus populaires sont le tennis, le football, le volleyball et la natation. La plupart des parcs et des piscines en plein-air disposent d'un terrain de volleyball, et vous trouverez des courts de tennis à foison. Ces derniers sont généralement inondés en hiver et font office de patinoire lorsqu'il gèle.

La chasse (*lov*) est une tradition appréciée en Slovaquie, et l'élevage et la protection du gibier y sont pris au sérieux. Des parties et des voyages organisés sont proposés par Cedok et Tatratour. Les pêcheurs, quant à eux, disposent de nombreux lacs et rivières. Les agences de voyage vous procureront les permis nécessaires.

La randonnée (*jít na tramp*) est une activité très en vogue, en particulier dans les hautes Tatras (*Vysoké Tatry*) et les autres régions montagneuses de Slovaquie. Il y a plus de 40 000km de sentiers, de chemins et de routes balisés. Vous trouverez de bonnes cartes d'état-major (*turistické mapy*) dans certains endroits.

Y a-t-il un match de football quelque part samedi?	**Hraje se někde v sobotu fotbal?**	hrayè ssè gnègdè fssobotou fotbal
Pouvez-vous me procurer un ticket?	**Můžete mi sehnat lístek?**	moûjète mi ssè-hnat liisstèk

alpinisme	**horolezectví**	horolèzètstvii
basket-ball	**košíková**	kochiikovaa
course automobile	**automobilové závody**	aoutomobilovêê zaavodi
course de chevaux	**dostihy**	dosti-hi
cyclisme	**cyklistika**	tsiklistika
équitation	**jezdectví**	yèzdètstvii
football	**fotbal**	fotbal
natation	**plavání**	plavaanii
ski	**lyžování**	lijovaanii
tennis	**tenis**	tèniss
volley-ball	**volejbal**	volèbal

Je voudrais voir un match de boxe.	**Chci jít na zápas v boxu.**	кнtsi yiit nazaapass vboxou
Quel est le prix de l'entrée?	**Kolik je vstupné?**	kolik yè fstoupnêê
Où est le terrain de golf le plus proche?	**Kde je nejbližší golfové hřiště?**	gdè yè nèyblichii golfovêê hrchichtyè
Où sont les courts de tennis?	**Kde jsou tenisové kurty?**	gdè sso-ou tènnissovêê kourti
Quel est le tarif par...?	**Kolik to stojí za...?**	kolik to sstoyii za
jour/partie/heure	**den/kolo/hodinu**	dènn/kolo/hodyinnou
Puis-je louer des raquettes?	**Můžu si pronajmout rakety?**	moûjou ssi pronaymo-out rakèti
Où est le champ de courses?	**Kde je dostihová dráha?**	gdè yè dosstyi-hovaa draa-ha
Y a-t-il un bon endroit pour pêcher/ chasser dans les environs?	**Dá se tady někde dobře lovit ryby/ střílet?**	daa ssè tadi gnègdè dobrchè lovit ribi/sstrchiilèt
Est-ce-que j'ai besoin d'un permis?	**Potřebuji povolení?**	potrchèbou-yi povolègnii
Où puis-je m'en procurer un?	**Kde ho dostanu?**	gdè ho dostannou
Peut-on se baigner dans le lac/la rivière?	**Smí se plavat v tom jezeře/v té řece?**	ssmii ssè plavat ftom yèzèrchè/ftêê rchècè
Y a-t-il une piscine ici?	**Je tady někde kou- paliště?**	yè tadi gnègdè ko- oupalichtye
Est-elle en plein air ou couverte?	**Je to koupaliště nebo krytý bazén?**	yè to ko-oupalichtyè nèbo kritii bazêênn
Est-elle chauffée?	**Je to vytápěné?**	yè to vitaapyènnêê

A la plage *Na pláži*

Peut-on se baigner sans danger?	**Může se tu plavat?**	moûjè ssè tou plavat
La baignade est-elle surveillée?	**Je tam plavčík?**	yè tam plaftchiik
Le lac est très calme.	**Jezero je velmi klidné.**	yèzèro yè vèlmi klidnêê
Il y a de grosses vagues.	**Jsou tu silné vlny.**	sso-ou tou ssilnêê v^{ou}lni

Y a-t-il des courants dangereux?	**Je tady nebezpečný proud?**	yè tadi nèbèsspètchnii pro-out
Je voudrais louer...	**Chci si pronajmout...**	кнtsi ssi pronaymo-out
barque	**loďku**	lotykou
cabine de bain	**plaveckou kabinu**	plavètsko-ou kabinnou
canot à moteur	**motorový člun**	motorovii tchlounn
chaise longue	**lehátko**	lè-haatko
matériel de plongée sous-marine	**potápěčské zařízení**	potaapyètchsskêê zarchiizègnii
parasol	**slunečník**	sslounnètchgniik
planche à voile	**windsurfer**	windsurfer
skis nautiques	**vodní lyže**	vodgnii lijè
voilier	**plachetnici**	plakнètgnitsi

SOUKROMÁ PLÁŽ	PLAGE PRIVÉE
ZÁKAZ KOUPÁNÍ	BAIGNADE INTERDITE

Sports d'hiver *Zimní sporty*

Le ski de fond est plus répandu que le ski alpin. En hiver, on pratique beaucoup le hockey sur glace et le patinage.

Y a-t-il une patinoire près d'ici?	**Je tady blízko kluziště?**	yè tadi bliissko klouzichtyè
Je voudrais faire du ski.	**Chtěl(a) bych si zalyžovat.**	кнtyèl(a) biкн ssi zalijovat
ski de piste/de fond	**sjezd/běh na lyžích**	ssyèsst/byèкн nalijiiкн
Y a-t-il des pistes de ski pour...?	**Jsou tady sjezdovky pro...?**	sso-ou tadi ssyèzdofki pro
débutants	**začátečníky**	zatchaatetchgniiki
skieurs moyens	**pokročilé lyžaře**	pokrotchilêê lijarchè
bons skieurs	**dobré lyžaře**	dobrêê lijarchè
Puis-je prendre des leçons de ski?	**Můžu si vzít hodiny lyžování?**	moùjou ssi vziit hodyinni lijovaagnii
Je voudrais louer des...	**Chci si pronajmout...**	кнtsi ssi pronaymo-out
bâtons	**lyžařské hole**	lijarchsskêê holè
chaussures de ski	**lyžařské boty**	lijarchsskêê boti
matériel de ski	**lyžařské potřeby**	lijarchsskêê potrchèbi
patins	**brusle**	brousslè
skis	**lyže**	lijè

Faire connaissance

Présentations *Představování*

Les Tchèques sont assez à cheval sur les convenances. Ils précèdent le nom de la personne à qui ils s'adressent par M. (*pan*), Mme (*paní*), ou Mlle (*slečna* - slètchna), et se vouvoyent (*vy*) longtemps après s'être rencontrés. A vous de juger s'il est opportun ou prématuré d'utiliser «tu» (*ty*) et les prénoms des personnes dont vous aurez fait la connaissance.

Puis-je vous présenter...?	**Dovolte mi představit...?**	dovoltè mi prchètsstavit
M. Novotny et Mme Novotna, voici...	**Pan Novotný a paní Novotná, tohle je...**	pan novotnii a pagnii novotnaa, to-hlè yè
Je m'appelle...	**Jmenuji se...**	mènou-yi ssè
Enchanté(e)!	**Těší mě!**	tyèchii mgnè
Comment vous appelez-vous?	**Jak se jmenujete?**	yak ssè mènou-yètè
Comment allez-vous?	**Jak se máte?**	yak ssè maatè
Très bien, merci, et vous?	**Děkuji, dobře. A vy?**	dyèkou-yi dobrchè. a vi

Pour rompre la glace *A dále*

Depuis combien de temps êtes-vous ici?	**Jak jste tady dlouho?**	yak sstè tadi dlo-ou-ho
Nous sommes ici depuis une semaine.	**My jsme tady už týden.**	mi ssmè tadi ouch tiidènn
Est-ce votre premier séjour ici?	**Je to vaše první návštěva?**	yè to vachè p^{ou}rvgnii naafchtyèva
Non, nous sommes déjà venus l'année dernière.	**Ne, my jsme tady byli už vloni.**	nè mi ssmè tadi bili uj vlogni
Est-ce-que vous vous plaisez ici?	**Líbí se vám tady?**	liibii ssè vaam tadi
Oui, je m'y plais beaucoup.	**Ano, nám se tady moc líbí.**	anno naam ssè tadi mots liibii

Le paysage me plaît beaucoup.	**Mně se moc líbí ta krajina.**	mgnè ssè mots liibii ta krayinna
Que pensez-vous du pays/des gens?	**Co si myslíte o naší zemi/o našich lidech?**	tso ssi missliitè o nachii zèmi/o nachiкн lidèкн
D'où venez-vous?	**Odkud jste?**	otkout sstè
Je viens de...	**Já jsem ze...**	yaa ssèm zè
De quelle nationalité êtes-vous?	**Jaké jste národnosti?**	yakêê sstè naarodnostyi
Je suis...	**Jsem...**	sseèm
Belge	**Belgičan(ka)**	bèlgitchann(ka)
Canadien(ne)	**Kanaďan(ka)**	kanadyann(ka)
Français(e)	**Francouz(ka)**	franntso-ouz(ka)
Suisse(sse)	**Švýcar(ka)**	chviitsarr(ka)
Où logez-vous?	**Kde jste ubytovaní?**	gdè sstè oubitovagnii
Etes-vous seul(e) ici?	**Jste tady sám?**	sste tadi ssam
Je suis avec...	**Já jsem s...**	yaa ssèm ss
ma femme	**svou ženou**	ssvo-ou jènno-ou
mon mari	**svým manželem**	ssviim mannjèlèm
ma famille	**svou rodinou**	ssvo-ou rodyinno-ou
mes enfants	**svými dětmi**	ssviimi dyètmi
mes parents	**svými rodiči**	ssviimi rodyitchi
mon ami(e)	**svým mládencem/ svou dívkou**	ssviim mlaadènntsèm/ ssvo-ou dyiifko-ou

père/mère	**otec/matka**	otèts/matka
fils/fille	**syn/dcera**	ssin/ttsèra
frère/sœur	**bratr/sestra**	brat^{ou}r/ssèstra
oncle/tante	**strýc/teta**	striits/tèta
neveu/nièce	**synovec/neteř**	ssinnovèts/nètèrch
cousin/cousine	**bratranec/ sestřenice**	brantrannèts/ ssèsstrchègnitsè

Etes-vous marié(e)/ célibataire?	**Jste ženatý (vdaná)/svobodný(-á)?**	sstè jènnatii (vdannaa)/ ssvobodnii (ssvobodnaa)
Avez-vous des enfants?	**Máte děti?**	maatè dyèty
Que faites-vous (dans la vie)?	**V čem pracujete?**	ftchèm pratsou-yètè

PAYS, voir page 146

Je suis étudiant(e).	**Já jsem student(ka).**	yaa ssèm sstoudènnt(ka)
Qu'étudiez-vous?	**Co studujete?**	tso sstoudou-yètè
Je suis ici en voyage d'affaires.	**Já jsem tady služebně.**	yaa ssèm tadi ssloujèbgnè
Voyagez-vous beaucoup?	**Cestujete hodně?**	tsèsstou-yètè hodgnè
Jouez-vous aux cartes/échecs?	**Hrajete karty/ šachy?**	hrayètè karti/chakнi

Le temps *Počasí*

Quelle belle journée!	**To je krásný den!**	to yè kraassnii dènn
Quel temps horrible!	**To je hrozné počasí!**	to yè hroznêê potchassii
Qu'il fait froid!/Quelle chaleur!	**Že je dnes zima/ horko!**	jè yè dnèss zima/horko
Fait-il toujours aussi chaud?	**Je normálně takové teplo?**	yè normaalgnii takovêê tèplo
Pensez-vous qu'il va... demain?	**Myslíte, že zítra bude...?**	missliitè jè ziitra boudè
faire beau	**hezky**	hèsski
neiger	**sněžit**	ssgnèjit
pleuvoir	**pršet**	p^{ou}rchèt
Quelles sont les prévisions météo?	**Jaká je předpověd'?**	yakaa yè prchètpovyèty

brouillard	**mlha**	m^{ou}lha
ciel	**obloha**	oblo-ha
éclair	**blesk**	blèssk
étoile	**hvězda**	hvyèzda
gelée	**mráz**	mraass
glace	**náledí**	naalèdyii
lune	**měsíc**	myèssiits
neige	**sníh**	ssgniiкн
nuage	**zamračeno**	zamratchènno
orage	**bouřka**	bo-ourchka
pluie	**déšt'**	dêêchty
soleil	**slunce**	sslounntsè
tonnerre	**hrom**	hrom
vent	**vítr**	viit^{ou}r

Invitations *Pozvání*

Voudriez-vous dîner avec nous à …?	**Mohli byste přijít na večeři v …?**	mo-hli bisstè prchiyiit navètchèrchi v
Puis-je vous inviter à déjeuner?	**Rádi bychom vás pozvali na oběd.**	raadyi biкном vaass pozvali na-obyèt
Pouvez-vous venir prendre un verre chez moi ce soir?	**Mohli byste přijít dnes večer na skleničku?**	mo-hli bisstè prchiyiit dnèss vètchèr nassklegnitchkou
Il y a une réception, viendrez-vous?	**Máme společnost. Přijdete?**	maamè sspolètchnosst. prchiidètè
C'est très aimable.	**To je od vás moc milé.**	to yè odvaass mots milêê
Je viendrai avec plaisir.	**Děkuji. Přijdu rád(a).**	dyèkou-yi. prchiidou raat (raada)
A quelle heure faut-il venir?	**V kolik hodin máme přijít?**	fkolik hodyinn maamè prchiyiit
Puis-je amener un/une ami(e)?	**Můžu přivést kamaráda (kamarádku)?**	moûjou prchivêêsst kamaraada (kamaraatkou)
Je regrette, mais nous devons partir maintenant.	**My už musíme opravdu jít.**	mi ouj moussiimè opravdou yiit
La prochaine fois, il faudra que vous veniez nous voir.	**Příště musíte přijít k nám.**	prchiichtyè moussiitè prchiyiit knaam
Merci pour cette agréable soirée; c'était formidable.	**Děkujeme za moc milý večer.**	dyèkou-yèmè zamots milii vètchèr

Rendez-vous *Schůzka*

Est-ce-que ça vous dérange si je fume?	**Bude vám vadit když si zapálím?**	boudè vaam vadyit gdich ssi zapaaliim
Pourquoi riez-vous?	**Proč se smějete?**	protch ssè ssmyèyètè
Est-ce-que mon tchèque est si mauvais que ça?	**Mluvím český tak špatně?**	mlouviim tchèsski tak chpatgnè
Puis-je m'asseoir ici?	**Můžu se sem posadit?**	moûjou ssè ssèm possadyit
Puis-je vous offrir un verre?	**Chtěl[a] byste něco k pití?**	кнtyèl[a] bisstè gnètso kpityii
Attendez-vous quelqu'un?	**Čekáte na někoho?**	tchèkaatè nagnèko-ho

JOURS DE LA SEMAINE, voir page 151

Etes-vous libre ce soir?	**Máte dnes večer volno?**	maatè dnèss vètchèr volno
Voulez-vous sortir avec moi ce soir?	**Mohli bychom se večer sejít?**	mo-hli biкнom ssè vètchèr ssèyiit
Voulez-vous aller danser?	**Chtěl(a) byste si jít zatančit?**	кнtyèl(a) bisstè ssi yiit zatanntchit
Je connais une bonne discothèque.	**Vím o dobré diskotéce.**	viim odobrêê disskotêêtsè
Si nous allions au cinéma?	**Půjdeme do kina?**	poûydèmè dokinna
Voulez-vous faire un tour en voiture?	**Půjdeme se projet?**	poûydèmè ssè proyèt
Où nous retrouvons-nous?	**Kde se sejdeme?**	gdè ssè ssèydèmè
Je passerai vous prendre à votre hôtel.	**Vyzvednu vás před hotelem.**	vizvèdnou vaass prchèd-hotèlèm
Je viendrai vous chercher à huit heures.	**Stavím se pro vás v osm hodin.**	sstaviim ssè provaass fossoum hodyin
Puis-je vous raccompagner?	**Můžu vás doprovodit domů?**	moûjou vaass doprovodyit domoû
Puis-je vous revoir demain?	**Uvidíme se znovu zítra?**	ouvidyiimè ssè znovou ziitra
J'espère que nous nous reverrons.	**Doufám, že se ještě uvidíme.**	do-oufaam jè ssè yèchtyè ouvidyiimè

... peut-être aurez-vous envie de répondre:

Avec plaisir, merci.	**Moc rád(a), děkuji.**	mots raat (raada) dyèkou-yi
Merci, mais je suis pris(e).	**Děkuji, ale já mám moc práce.**	dyèkou-yi alè yaa maam mots praatsè
Non, ça ne m'intéresse pas, merci.	**Ne, já opravdu nemám zájem.**	nè yaa opravdou nèmaam zaayèm
Laissez-moi tranquille, s.v.p.!	**Nechte mne, prosím!**	nèкнtè mnè prossiim
Merci, j'ai passé une soirée merveilleuse.	**Děkuji za krásný večer.**	dyèkou-yi zakraassnii vètchèr
Je me suis bien amusé(e) .	**Moc jsem se pobavil(a).**	mots ssèm ssè pobavil(a)

Guide des achats

Ce guide devrait vous aider à trouver rapidement et aisément ce que vous désirez. Il comprend:
1. Une liste des principaux magasins et services (p.98).
2. Des expressions générales qui vous permettront de formuler vos désirs avec précision lorsque vous ferez des achats (p.100).
3. Des détails complets sur les magasins et services qui présentent le plus d'intérêt pour vous. Vous trouverez conseils et listes alphabétiques des articles sous les titres suivants.

Magasins et services *Obchody, obchodní domy a služby*

La plupart des magasins ouvrent de 8 h. à 18 h., les épiceries à partir de 6 h., et certains magasins ferment pour le déjeuner entre midi et 14 h. Les grands magasins sont généralement ouverts sans interruption de 8 h. à 19 h. La majorité des magasins sont fermés le lundi, au moins une partie de la journée.

Lorsque vous ferez vos courses dans les centre-villes, vous serez frappé par le contraste entre les magasins d'Etat et les commerces privés, dont le nombre s'accroît sans cesse. Dans les premiers, vous aurez peut-être l'occasion de tâter à des règlements vieillots. Par exemple, il n'est pas permis d'entrer dans certains magasins sans panier, donc il faut soit en prendre un, soit faire la queue à l'entrée pour attendre qu'un client sorte et en libère un.

Où est le/la... le/la plus proche?	**Kde je nejbližší...**	gdè yè nèyblichii
agence de voyages	**cestovní kancelář**	tsèsstovgnii kanntsèlaarch
antiquaire	**starožitnictví**	sstarojitgnitstvii
banque	**banka**	bannka
bibliothèque	**knihovna**	kgní-hovna
bijouterie	**klenotnictví**	klènnotgnitstvii
blanchisserie	**prádelna**	praadèlna
boucherie	**řeznictví**	rchèzgnitstvii
boulangerie	**pekařství**	pèkarchstvii
brocanteur	**obchod s použitým zbožím**	opкнot sspo-oujitiim zbojiim
bureau de poste	**pošta**	pochta
bureau de tabac	**tabák**	tabaak
bureau du télégraphe	**telegrafní přepážka**	tèlègrafgnii prchèpaachka
centre commercial	**nákupní středisko**	naakoupgnii sstrchèdyissko
charcutier	**lahůdky**	la-hoûtki
coiffeur (hommes/femmes)	**holičství/kadeřnictví**	holitchsstvii/ kadèrchgnitstvii
commissariat de police	**policejní stanice**	politsèygnii sstagnitsè
confiserie	**cukrárna**	tsoukraarna
cordonnier	**opravna obuvi**	opravna obouvi
crèmerie	**mlékárna**	mlêêkaarna
dentiste	**zubař**	zoubarch
droguerie	**drogerie**	drogèriyè

BLANCHISSERIE, voir page 29/COIFFEUR, voir page 30

épicerie	**potraviny**	potravinni
fleuriste	**květinářství**	kvyètyinnaarchsstvii
fourreur	**kožešnictví**	kojèchgnitstvii
galerie d'art	**umělecká galerie**	oumyèlèckaa galèriè
grand magasin	**obchodní dům**	opкнodnii doûm
hôpital	**nemocnice**	nèmotsgnitsè
horloger	**hodinářství**	hodyinnaarchsstvii
institut de beauté	**salón krásy**	ssalaunn kraassi
kiosque à journaux	**novinový stánek**	novinnovii sstaannèk
laverie automatique	**samoobslužná prá-delna**	ssamo-opsloujnaa praadèlna
librairie	**knihkupectví**	kgnikнкoupètstvii
magasin de...		
appareils électro-ménagers	**elektrické spotřeb-iče**	èlèktritskêê sspotrchèbitchè
articles de sport	**sportovní potřeby**	ssportovgnii potrchèbi
chaussures	**obuv**	obouf
diététique	**potravy pro zdra-vou výživu**	potravni prozdravo-ou viijivou
jouets	**hračky**	hratchki
photos	**obchod s fotoapa-ráty**	opкнot ss-foto-aparaati
souvenirs	**suvenýry**	souvènniiri
marchand de fruits et légumes	**zelinářství**	zèlinnaarchstvii
marchand de journaux	**trafika**	trafika
marchand de vin	**prodej vína**	prodèy viinna
marché	**trh**	t^{ou}rкн
opticien	**optik**	optik
papeterie	**papírnictví**	papiirgnitstvii
pâtisserie	**cukrárna**	tsoukraarna
pharmacie	**lékárna**	lêêkaarna
photographe	**fotograf**	fotograf
poissonnerie	**rybárna**	ribaarna
quincaillerie	**železářství**	jèlèzaarchsstvii
supermarché	**samoobsluha**	ssamo-opsslou-ha
tailleur	**krejčovství**	kreytchovsstvii
teinturerie	**čistírna**	tchisstiirna
vétérinaire	**zvěrolékař**	zvyèrolêêkarch

VCHOD	ENTRÉE
VÝCHOD	SORTIE
NOUZOVÝ VÝCHOD	SORTIE DE SECOURS

Expressions générales *Všeobecné výrazy*

Où? *Kde?*

Où y a-t-il un(e) bon(ne)...?	**Kde je dobrý...?**	gdè yè dobrii
Où puis-je trouver un/une...?	**Kde najdu...?**	gdè naydou
Où se trouve le quartier commerçant?	**Kde je hlavní obchodní centrum?**	gdè yè hlavgnii opchodgnii tsènntrum
Est-ce loin d'ici?	**Je to odsud daleko?**	yè to otssoud dalèko
Comment puis-je m'y rendre?	**Jak se tam dostanu?**	yak ssè tam dostannou

> **PRODEJ**
> soldes

Service *Obsluha*

Pouvez-vous m'aider?	**Můžete mi pomoci?**	moûjètè mi pomotsi
Je ne fais que regarder.	**Já se jenom dívám.**	yaa ssè yènnom dyiivaam
Avez-vous/Vendez-vous...?	**Prodáváte...?**	prodaavaatè
Je voudrais acheter...	**Chci si koupit...**	кнtsi ssi ko-oupit
Je voudrais...	**Chtěl(a) bych...**	кнtyèl(a) biкн
Pouvez-vous me montrer des...?	**Mohl(a) byste mi ukázat nějaké...**	mohᵒᵘl (mo-hla) bisstè mi oukaazat gnèyakêê
Avez-vous des...?	**Máte nějaké...?**	maatè gnèyakêê
Où est le rayon des...?	**Kde je...oddělení?**	gdè yè... oddyèlègnii
Où est l'escalier roulant?	**Kde je eskalátor?**	gdè yè èsskalaator

Celui-là/celle-là *Tam ten*

Pouvez-vous me montrer...?	**Můžete mi ukázat...?**	moûjètè mi oukaazat
ceci/cela	**tohle/tamto**	to-hlè/tamto
celui/en vitrine/à l'étalage	**ten co je ve výloze/ve vitrině**	tènn tso yè vèviilozè/vèvitrignè

Description de l'article *Popis předmětu*

J'en voudrais quelque chose de/d'...	**Chtěl(a) bych...**	кнtyèl(a) bікн
bon	**dobrý**	dobrii
bon marché	**laciný**	latsinnii
carré	**čtvercový**	tchtvèrtsovii
clair	**světlý**	svyètlii
foncé	**tmavý**	tmavii
grand	**velký**	vèlkii
léger	**lehký**	lèкнkii
lourd	**těžký**	tyèchkii
oval	**oválný**	ovaalnii
petit	**malý**	malii
rectangulaire	**obdélníkový**	obdêêlgniikovii
rond	**kulatý**	koulatii
solide	**pevný**	pèvnii
Je ne veux pas quelque chose de trop cher.	**Nechci nic drahého.**	nèкнtsi gnits dra-hêê-ho

Préférences *Dávat přednost*

Pouvez-vous m'en montrer d'autres?	**Můžete mi ukázat něco jiného?**	moûjètè mi oukaazat gnètso yinnêê-ho
N'avez-vous rien de...?	**Nemáte něco...?**	nèmaatè gnètso
moins cher/mieux	**lacinějšího/lepšího**	latsignèychii-ho/lèpchii-ho
plus grand/plus petit	**většího/menšího**	vyètchii-ho/mènnchii-ho

Combien? *Kolik?*

C'est combien?	**Kolik to stojí?**	kolik to sstoyii
Combien coûtent-ils?	**Kolik stojí tyhle?**	kolil sstoyii ti-hlè
Je ne comprends pas.	**Já vám nerozumím.**	yaa vaam nèrozoumiim
Pouvez-vous l'écrire, s.v.p.	**Můžete to napsat?**	moûjètè to napssat

| Je ne veux pas dépenser plus de ... koruna. | **Nechci platit víc než ... korun.** | nèкнtsi platyit viits nèj ... korounn |

Décision *Rozhodnutí*

Ce n'est pas vraiment ce que je veux.	**To není to, co já chci.**	to nègnii to tso yaa кнci
Non, ça ne me plaît pas.	**Ne děkuji, mně se to nelíbí.**	nè dyèkou-yi mgnè ssè to nèliibii
Je le/la prends.	**Já si to vezmu.**	yaa ssi to vèzmou

Commande *Objednávka*

| Pouvez-vous me le commander? | **Můžu si to objednat?** | moûjou ssi to objèdnat |
| Combien de temps faudra-t-il? | **Jak dlouho to bude trvat?** | yak dlou-ho to boudè t^{ou}rvat |

Livraison *Doručení*

Je l'emporte.	**Já si to hned vezmu.**	yaa ssi to hnèt vèzmou
Faites-le livrer à l'hôtel..., s.v.p.	**Dodejte to, prosím, do hotelu...**	dodèytè to prossiim dohotèlu
Envoyez-le à cette adresse, s.v.p.	**Pošlete to, prosím, na tuto adresu.**	pochlètè to prossiim na touto adressou
Est-ce que je risque d'avoir des problèmes à la douane?	**Budu mít problémy na celnici?**	boudou miit problêêmi na tsèlgnitsi

Paiement *Placení*

Ça coûte combien?	**Kolik to stojí?**	kolik to sstoyii
Puis-je payer avec un chèque de voyage?	**Můžu platit cestovním šekem?**	moûjou platyit tsèstovgniim chèkèm
Acceptez-vous les cartes de crédit?	**Je možné platit úvěrovou kartou?**	yè mojnêê platyit oûvyèrovo-ou karto-ou
Dois-je payer la T.V.A?	**Musím platit daň z nákupu?**	moussiim platyit dagn znaakoupou
Je pense qu'il y a une erreur sur la note.	**V tom účtu je asi chyba.**	ftom oûchtou yè assi кнiba

Désirez-vous autre chose? *A ještě něco?*

Non merci, c'est tout.	Ne, děkuji, to je všechno.	nè dyèkou-yi to yè fchèkнno
Oui, je voudrais…	Ano, ještě bych chtěl(a)…	anno yèchtyè bikн кнtyèl(a)
Pouvez-vous me montrer…?	Můžete mi uká-zat…?	moûjètè mi oukaazat
Puis-je avoir un sac, s.v.p.?	Můžete mi dát sáček?	moûjètè mi daat ssaatchèk
Pourriez-vous me l'emballer, s.v.p.?	Můžete mi to, pro-sím, zabalit?	moûjètè mi to prossiim zabalit
Puis-je avoir le ticket de caisse/un reçu, s.v.p.?	Mohl[a] byste mi dát potvrzení?	moh^{ou}l [mo-hla] bisstè mi daat potv^{ou}rzègnii

Mécontent? *Nespokojen?*

Pourriez-vous échanger ceci, s.v.p.?	Mohl[a] byste tohle vyměnit?	moh^{ou}l [mo-hla] bisstè to-hlè vimyègnit
Je voudrais vous rendre ceci.	Chci tohle vrátit.	кнtsi to-hlè vraatyit
Je voudrais être remboursé(e). Voici le ticket de caisse.	Chtěl(a) bych náh-radu peněz. Tady je moje potvrzení.	кнtèl(a) bikн naa-hradou pègnèss. tadi yè mo-yè potv^{ou}rzègnii

---

Můžu vám pomoci?	Puis-je vous aider?
Co byste si přál?	Que désirez-vous?
Jakou… byste si přál?	Quel/quelle… désirez-vous?
barvu/tvar/kvalitu	couleur/forme/qualité
Je mi líto, ale to my nemáme.	Je regrette, nous n'en avons pas.
Máme to pro vás objednat?	Voulez-vous que nous vous le commandions?
Chcete si to vzít nebo to máme poslat?	Voulez-vous l'emporter ou faut-il vous l'envoyer?
Ještě něco?	Désirez-vous autre chose?
To bude… korun, prosím.	Ça fait… koruna, s.v.p.
Pokladna je tam.	La caisse est là-bas.

Appareils électriques *Elektrické spotřebiče*

Le voltage généralement utilisé est le 220 volts, 50 siècles.

Français	Tchèque	Prononciation
Quel est le voltage?	**Jaké je tady napětí?**	yakêê yè tadi napyètyii
Avez-vous une pile pour ceci?	**Máte pro tohle baterie?**	maatè pro to-hlè batèriyè
C'est cassé. Pouvez-vous le réparer?	**Tohle nefunguje. Můžete to opravit?**	to-hlè nèfounngou-yè. moûjètè to opravit
Pouvez-vous me faire voir comment ça marche?	**Můžete mi ukázat, jak to mám používat?**	moûjètè mi oukaazat yak to maam po-oujiivat
Je voudrais (louer) une cassette vidéo.	**Chtěl(a) bych (si půjčit) video kazetu.**	кнtèl(a) biкн (ssi poûytchit) vidèokazètou
Je voudrais...	**Chtěl(a) bych...**	кнtуèl(a) biкн
adaptateur	**rozdvojku**	rozdvoykou
amplificateur	**zesilovač**	zèssilovatch
ampoule	**žárovku**	jaarofkou
brosse à dents électrique	**elektrický kartáček na zuby**	èlèktritskii kartaatchèk nazoubi
écouteurs	**sluchátka**	sslouкнaatka
électrophone/plate	**gramofón**	gramofaunn
fer à repasser (de voyage)	**(cestovní) žehličku**	(tsèsstovgnii) jè-hlitchkou
hauts-parleur	**reproduktor**	rèproduktor
lampe	**lampu**	lampou
lecteur de CD	**přehrávač kompaktních disků**	prchè-hraavatch kompaktgniich disskoû
magnétophone à cassettes	**magnetofon**	mag-nètofonn
magnétoscope	**video přehrávač**	vidèo prchèhraavatch
prise	**zástrčku**	zaasst^(ou)rtchkou
radio	**rádio**	raadio
autoradio	**autorádio**	aoutoraadio
radio-réveil	**rádio s budíkem**	raadio ssboudyiikèm
rallonge	**prodlužovací kabel**	prodloujovatsii kabèl
rasoir	**elektrický holicí strojek**	èlèktritskii holitsii sstroyèk
sèche-cheveux	**fén**	fêênn
télévision (couleur)	**(barevná) televize**	(barèvnaa) tèlèvizè
transformateur	**transformátor**	trannssformaator
...portatif/ve	**přenosné...**	prchènnossnêê

DISQUES ET CASSETTES, voir page 127

Articles ménagers *Potřeby pro domácnost*

allumettes	**sirky**	ssirki
boîte-repas	**krabička na jídlo**	krabitchka nayiidlo
bougies	**svíčky**	ssviitchki
casserole	**hrnec**	h^{ou}rnèts
épingles	**kolíčky na prádlo**	koliitchki napraadlo
lessive	**prášek na praní**	praachèk napragnii
liquide-vaisselle	**saponát**	ssaponaat
ouvre-bouteilles	**otvírač na láhve**	otviiratch nalaa-hvè
papier aluminium	**alobal**	alobal
poêle (à frire)	**pánev na smažení**	paannèf nassmajègnii
sacs plastiques	**igelitové pytlíky**	igèlitovêê pitliiki
seau	**kbelík**	gbèliik
serviettes en papier	**papírové ručníky**	papiirovêê rutchgniiki
thermos	**termosku**	tèrmosskou
torchon	**utěrku**	outyèrkou

... et quelques objets utiles

ciseaux	**nůžky**	noûchki
clé à molette	**klíč na matice**	kliitch namatyitse
clous	**hřebíky**	hrchèbiiki
couteau de poche	**kapesní nůž**	kapèssgnii noûch
marteau	**kladivo**	kladyivo
outils	**nářadí**	naarzhadii
tenailles	**kleště**	klèchtyè
tournevis	**šroubovák**	chro-oubovaak
vis	**šrouby**	chro-oubi

Vaisselle *Nádobí*

assiettes	**talíře**	taliirchè
gobelets/verres	**skleničky**	ssklègnitchki
grandes tasses	**hrnky**	h^{ou}rnki
soucoupes	**podšálky**	pot-chaalki
tasses	**hrníčky**	h^{ou}rgniitchki

Couverts *Příbory*

couteaux	**nože**	nojè
cuillères	**lžičky**	ljitchki
fourchettes	**vidličky**	vidlitchki
en inox	**(vyrobeno) z nerezavějící oceli**	(virobènno) znèrèzavyèyiitsii otsèlè
en plastique	**(vyrobeno) z umělé hmoty**	(virobènno) zoumyèlêê hmoti

Bijouterie—Horlogerie *Klenoty—Hody*

Pourriez-vous me montrer ceci, s.v.p.?	**Mohl(a) bych se na tohle podívat?**	moh^{ou}l (mo-hla) bɪкн ssè na to-hlè podyiivat
Avez-vous quelque chose en or?	**Máte nějaké zlaté výrobky?**	maatè gnèyakêê zlatêê viiropki
Ça fait combien de carats?	**Kolikakarátové je to zlato?**	kolikakaraatovêê yè to zlato
Est-ce de l'argent véritable?	**Je to pravé stříbro?**	yè to pravêê sstrchiibro
Pouvez-vous réparer cette montre?	**Můžete mi spravit tyhle hodinky?**	moûjètè mi sspravit ti-hlè hodyinnki
Je voudrais...	**Chtěl(a) bych...**	кнtèl(a) bɪкн
argenterie	**stříbrné zboží**	sstrchiib^{ou}rnêê zbojii
bague...	**... prsten**	p^{ou}rsstènn
de fiançailles	**zásnubní**	zaassnoubgnii
chevalière	**pečetní**	pètchètgnii
alliance	**snubní**	ssnoubgnii
boîte à musique	**krabičku s hudebním strojkem**	krabitchkou ss-houdèbgniim sstroykèm
boucles d'oreilles	**náušnice**	naa-ouchgnitsè
boutons de manchettes	**manžetové knoflíky**	mannjètovêê knofliiki
bracelet	**náramek**	naaramèk
gourmette	**řetízkový náramek**	rchètyiisskovii naaramèk
bracelet à breloques	**náramek s přívěsky**	naaramèk ssprchiivyèsski
bracelet de montre	**řemínek na hodinky**	rchèminnèk nahodyinnki
breloque	**talisman**	talissmann
briquet	**zapalovač**	zapalovatch
broche	**brož**	broch
chaîne(tte)	**řetízek**	rchètyiizèk
chapelet	**růženec**	roûjènnèts
clip	**šponu**	chponnou
coffret à bijoux	**šperkovnici**	chpèrkovgnitsi
collier	**náhrdelník**	naah^{ou}rdèlgniik
coucou	**hodiny s kukačkou**	hodyinni sskoukatchko-ou
couverts	**příbory**	prchiibori
croix	**křížek**	krchiijèk
épingle	**špendlík**	chpènndliik
épingle à cravate	**špendlík do vázanky**	chpènndliik dovaazannki
étui à cigarettes	**cigaretové pouzdro**	tsigarètovêê po-ouzdro

montre	... hodinky	hodyinnki
automatique	automatické	aoutomatitskêê
digitale	digitální	digitaalgnii
étanche	vodotěsné	vodotyèssnêê
avec trotteuse	hodinky se vteřovou ručičkou	hodyinnki ssèftèrchinnvo-ou routchitchko-ou
montre-bracelet	náramkové hodinky	naaramkovêê hodyinnki
montre de gousset	kapesní hodinky	kapèssgnii hodyinnki
pendentif	přívěšek	prchiivyèchèk
pendule	hodiny	hodyinni
pierre précieuse	drahokam	dra-hokam
pile	baterii	batèriyi
pince à cravate	přesku do vázanky	prchèsskou dovaazannki
porte-mine	propisovací tužku	propissovatsii touchkou
poudrier	pudřenku	poudrchènnkou
réveil	budík	boudyiik

ambre	jantar	yanntar
améthyste	ametyst	amètisst
argent	stříbro	sstrchiibro
chrome	chróm	кнraum
corail	korál	koraal
cristal	křišťál	krchichtyaal
cristal taillé	broušené sklo	bro-ouchènnêê ssklo
cuivre	měď	myèty
diamant	diamant	diamannt
émail	email	email
émeraude	smaragd	ssmarakt
étain	starý cín	sstarii ciin
inox	nerezavějící ocel	nèrèzavyèyiitsii otsèl
ivoire	slonovina	sslonnovinna
jade	nefrit	nèfrit
onyx	onyx	onnix
or	zlato	zlato
perle	perla	pèrla
plaqué argent	postříbření	posstrchiibrchègnii
plaqué or	pozlacení	pozlatsègnii
platine	platina	platinna
rubis	rubín	roubiinn
saphir	safír	ssafiir
topaze	topaz	topass
turquoise	tyrkys	tirkiss

Bureau de tabac *Tabák*

Les cigarettes et le tabac sont en vente dans les bureaux de tabac (*tabák*), dans les kiosques à journaux, et dans bon nombre de bars et cafés. Il est de plus en plus souvent interdit de fumer dans les lieux publics, et ceci s'applique aux transports en commun (sauf les compartiments fumeur des trains), aux cinémas, aux théâtres, et aux restaurants entre 11 h. et 14 h.

Un paquet de cigarettes, s.v.p.	**Prosím krabičku cigaret.**	prossiim krabitchkou tsigarèt
Avez-vous des cigarettes américaines/françaises?	**Máte nějaké americké/francouzské cigarety?**	maatè gnèyakêê amèritskêê/franntso-ousskêê tsigarèti
Je voudrais une cartouche.	**Prosím kartón.**	prossiim kartaunn
Donnez-moi…, s.v.p.	**Dejte mi, prosím, nějaké…**	dèytè mi prossiim gnèyakêê
allumettes	**zápalky**	zaapalki
bonbons	**bonbóny**	bonbaunni
briquet	**zapalovač**	zapalovatch
essence à briquet	**náplň do zapalovače**	naap^oulny dozapalovatchè
carte postale	**pohled**	po-hlèt
chewing-gum	**žvýkačku**	jviikatchkou
chocolat	**čokoládu**	tchokolaadou
cigares	**doutníky**	do-outgniiki
cigarettes	**cigarety**	tsigarèti
avec filtre	**s filtrem**	ssfiltrèm
sans filtre	**bez filtru**	bèssfiltrou
mentholées	**mentolové cigarety**	mènntolovêê tsigarèti
long format	**prodloužené cigarety**	prodlo-oujènnêê tsigareti
étui à cigarettes	**pouzdro na cigarety**	po-ouzdro natsigarèti
fume-cigarette	**cigaretovou špičku**	tsigarètovo-ou chpitchkou
mèche	**knot**	knot
pipe	**dýmka**	diimka
cure-pipe	**dýmkový nástroj**	diimkovii naasstroy
nettoie-pipes	**čistič na dýmku**	tchisstyitch nadiimkou
tabac pour pipe	**dýmkový tabák**	diimkovii tabaak
tabac blond/brun	**světlý/tmavý tabák**	ssvyètlii/tmavii tabaak
tabac à chiquer	**žvýkací tabák**	jviikatsii tabaak
tabac à priser	**šňupavý tabák**	chgnoupavii tabaak
timbres	**známky**	znaamki

Camping et équipement sportif *Stanovací a sportovní potřeby*

| Je voudrais... | **Chtěl(a) bych...** | кнtyèl(a) biкн |
| Je voudrais louer... | **Já bych si chtěl(a) pronajmout...** | yaa biкн ssi кнtyèl(a) pronnaymo-out |

allume-feu	**podpalovače**	potpalovatchè
allumettes	**zápalky**	zaapalki
attirail de pêche	**rybářské potřeby**	ribaarchskêê potrchèbi
bombe aérosol contre les insectes	**postřik proti hmyzou**	posstrchik protyi hmizou
boussole	**kompas**	kompass
cartouche réfrigérante	**ledový obal**	lèdovii obal
chaise (pliante)	**(skládací) židli**	(sklaadacii) jidli
chaise longue	**lehátko**	lè-haatko
charbon	**dřevěné uhlí**	drchèvyènêê ou-hlii
corde	**lano**	lanno
gaz butane	**propan-butan**	propann-butann
glacière	**chladící tašku**	кнladyiitsii tachkou
gourde	**láhev na vodu**	laa-hèř navodou
hamac	**houpací síť**	ho-oupatsii ssiity
lampe	**lampu**	lampou
lampe de poche	**baterku**	batèrkou
lanterne	**lucernu**	loutsèrnou
lit de camp	**polní lůžko**	polgnii loûchko
maillet	**palici**	palitsi
matelas (en mousse)	**(gumovou) matraci**	(goumovo-ou) matratsi
matelas pneumatique	**nafukovací matraci**	nafoukovatsii matratsi
matériel de ski	**lyžařské vybavení**	lijarskêê vibavègnii
montant (piquet) de tente	**stanové tyče**	stannovêê titchè
moustiquaire	**síť proti komárům**	ssiity protyi komaroûm
panier de pique-nique	**košík na piknik**	kochiik napiknik
pétrole	**petrolej**	pètrolèy
piquets de tente	**stanové kolíky**	stannovêê koliiky
pompe	**pumpu**	poumpou
sac à dos	**batoh**	batoкн
sac de couchage	**spacák**	sspatsaak
skis	**lyže**	lijè
table (pliante)	**(skládací) stůl**	(ssklaadatsii) sstoûl
tapis de sol	**nepromokavou celtu**	nèpromokavo-ou tsèltou
tente	**stan**	sstann

CAMPING, voir page 32

Epicerie *Obchod s potravinami*

Je voudrais du pain, s.v.p.	**Prosím chleba.**	prossiim кнlèba
Quelle sorte de fromage avez-vous?	**Jaké máte druhy sýrů?**	yakè maatè drou-hi ssiroû
Un morceau de ...	**Kousek ...**	ko-oussèk
celui-là	**toho**	to-ho
celui sur l'étagère	**ten na poličce**	tènn napolitchtsè
Je vais prendre un de ceux-là, s.v.p.	**Já si vezmu jeden z těchto, prosím.**	yaa ssi vèzmou yèdènn sstyèкнto prossiim
Puis-je me servir?	**Můžu si sám vzít?**	moûjou ssi ssaam vziit

100 grammes	**sto gramů**	ssto gramoû
½ kilo	**půl kila**	poûl kila
1 kilo	**kilo**	kilo
½ litre	**půl litra**	poûl litra
1 litre	**litr**	lit^{ou}r

Je voudrais ...	**Chtěl(a) bych ...**	кнtyèl(a) biкн
un kilo de pommes	**kilo jablek**	kilo yablèk
un demi-kilo de tomates	**půl kila rajských jablek**	poûl kila raysskiiкн yablèk
100 grammes de beurre	**sto gramů másla**	ssto gramoû maassla
un litre de lait	**litr mléka**	lit^{ou}r mlêêka
une demi-douzaine d'œufs	**šest vajíček**	chèsst vayiitchèk
4 tranches de jambon	**čtyři plátky šunky**	tchtirchi plaatki chounnki
un paquet de thé	**krabičku čaje**	krabitchkou tchayè
un pot de confiture	**skleničku džemu**	sklègnitchkou djèmu
une boîte de pêches	**konzervu broskví**	konnzèrvou brosskvii
un tube de moutarde	**trubičku hořčici**	troubitchkou horch-tchitsi
une boîte de chocolats	**krabičku čokolády**	krabitchkou tchokolaadi

REPAS LÉGERS, voir aussi page 63

Habillement *Oděvy*

Si vous désirez acheter quelque chose de précis, mieux vaut préparer votre achat à l'avance en consultant la liste des vêtements page 115. Réfléchissez à la taille, à la couleur, au tissu que vous désirez, puis reportez-vous aux pages suivantes.

Généralités *Všeobecné dotazy*

Je voudrais…	**Chtěl(a) bych…**	кнtyèl(a) biкн
Je voudrais… pour un garçon/une fille de dix ans.	**Chtěl(a) bych… pro desetiletého chlapce/pro desetiletou dívku.**	кнtyèl(a) biкн… pro dèssètyilètêêho кнlaptsè/ pro dèssètyilètou dyiivkou
Je voudrais quelque chose dans ce genre.	**Chtěl(a) bych něco podobného.**	кнtyèl(a) biкн gnètso podobnêêho
Je voudrais celui/ celle en vitrine.	**Chtěl(a) bych ten co je ve výloze.**	кнtyèl(a) biкн tènn tso yè vèviilozè
Combien coûte le mètre?	**Kolik stojí metr?**	kolik sstoyii mèt^{ou}r

millimètre	**milimetr**	milimèt^{ou}r
centimètre	**centimetr**	tsèntimèt^{ou}r
mètre	**metr**	mèt^{ou}r

Couleur *Barva*

Je voudrais quelque chose en…?	**Chtěl(a) bych něco v…**	кнtyèl(a) biкн gnètso v
Je voudrais un ton plus foncé/clair.	**Chtěl(a) bych o něco tmavší/světlejší odstín.**	кнtyèl(a) biкн o gnètso tmafchii/ssvyètlèychii otsstyiinn

VÊTEMENTS ET ACCESSOIRES, voir page 115

Je voudrais quelque chose qui aille avec ça.	**Chtěl(a) bych něco co by se hodilo k tomuto.**	кнtyèl(a) bікн gnètso tso bi ssè hodyilo ktomouto
Je n'aime pas cette couleur.	**Mně se nelíbí ta barva.**	mgnè ssè nèliibii ta barva

argenté	**stříbrný**	sstrchiibᵒᵘrnii
beige	**béžový**	bêêjovii
blanc	**bílý**	biilii
bleu	**modrý**	modrii
clair...	**světlý**	ssvyètlii
doré	**zlatavý**	zlatavii
écarlate	**rudý**	roudii
fauve	**světle hnědý**	ssvyètlè hgnèdii
foncé...	**tmavý**	tmavii
gris	**šedý**	chèdii
jaune	**žlutý**	jloutii
marron	**hnědý**	hgnèdii
mauve	**slézový**	sslêêzovii
noir	**černý**	tchèrnii
orange	**oranžový**	orannjovii
rose	**růžový**	roûjovii
rouge	**červený**	tchèrvènnii
turquoise	**tyrkysový**	tirkissovii
vert	**zelený**	zèlènnii
violet	**fialový**	fialovii

bez vzoru	**kostkovaný**	**vzorovaný**	**puntikovaný**
(bèz vzorou)	(kostkovagnii)	(vzorovagnii)	(pountiikovanii)

Tissu *Látky*

Avez-vous quelque chose en ...?	**Máte něco v ...?**	maate gnètso v

Est-ce ...?	Je to ...?	yè to
fait ici	**tuzemský**	touzèmskii
fait main	**ruční práce**	routchgnii praatsè
importé	**z dovozu**	zdovozou
Je voudrais quelque chose de moins épais.	**Chtěl(a) bych něco tenšího.**	кнtyèl(a) biкн gnèto tènnchiiho
Avez-vous quelque chose de meilleure qualité?	**Máte něco kvalitnějšího?**	maatè gnèto kvalitgnèychiiho
En quoi est-ce?	**Z čeho je to vyrobeno?**	sstchè-ho yè to virobènno

batiste	**batist**	batisst
coton	**bavlna**	bav^{ou}lna
crêpe	**krep**	krèp
cuir	**kůže**	koûjè
daim	**semiš**	ssèmich
dentelle	**krajka**	krayka
feutre	**plsť**	p^{ou}lssty
flanelle	**flanel**	flannèl
gabarde	**gabardén**	gabardéênn
laine	**vlna**	v^{ou}lna
lin	**plátno**	plaatno
mousseline	**šifon**	chifonn
peigné	**česaná příze**	tchèssanaa prchiizè
poils de chameau	**velbloudí srst**	vèlbloudyii ss^{ou}rsst
popeline	**popelín**	popèlinn
satin	**satén**	satêênn
soie	**hedvábí**	hèdvaabii
tissu-éponge	**froté**	frotêê
toile de coton	**džínsovina**	djiinssovinna
velours	**samet**	ssamèt
velours côtelé	**manšestr**	mantchèst^{ou}r
velours de coton	**bavlněný samet**	bav^{ou}lgnènnii ssamèt

Est-ce…?	Je to…?	yè to
pur coton/laine	čistá bavlna/vlna	tchisstaa bav^{ou}lna/v^{ou}lna
synthétique	syntetický materiál	ssinntètitskii matèriaal
grand teint	stálobarevné	sstaalobarèvnêê
froissable	nemačkavé	nèmatchkavêê
Peut-on le laver à la main/en machine?	Je to na praní v ruce/v pračce?	ye to napragnii vroutsè/fpratchce
Est-ce-que ça risque de rétrécir au lavage?	Sráží se to?	ssraajii ssè to

Taille *Velikost*

Je prends du 38.	Nosím velikost 38.	nossiim vèlikost 38
Pouvez-vous prendre mes mesures?	Můžete mě změřit?	moûjète mgnè zmyèrchit
Je ne connais pas les tailles tchèques.	Neznám české velikosti.	nèznaam tchèsskêê vèlikosstyi

Les tailles peuvent varier d'un fabricant à l'autre. Il est donc conseillé d'essayer vêtements et chaussures avant de les acheter.

Un bon essayage? *Sedí to dobře?*

Puis-je l'essayer?	Můžu si to zkusit?	moûjou ssi to sskoussit
Où sont les cabines d'essayage?	Kde je zkoušební kabina?	gdè yè ssko-ouchèbgnii kabinna
Y a-t-il un miroir?	Je tady zrcadlo?	yè tadi z^{ou}rtsadlo
Ça va très bien.	To dobře padne.	to dobrchè padnè
Ça ne va pas.	To nepasuje.	to nèpassou-yè
C'est trop…	To je moc…	to yè mots
court/long	krátké/dlouhé	kraatkêê/dlo-ouhêê
étroit/ample	těsné/volné	tyèssnêê/volnêê
Il faudra combien de temps pour les retouches?	Jak dlouho bude trvat ta předělávka?	yak dlo-ou-ho boudè t^{ou}rvat ta prchèdyèlaafka

Vêtements et accessoires *Oděvy a doplňky*

Je voudrais…	Chtěl(a) bych…	кнtyèl(a) biкн
anorak	**větrovku**	vyètrofkou
bas	**punčochy**	pounntchoкнi
bonnet de bain	**koupací čepici**	ko-oupacii tchèpitsi
bretelles	**podvazky**	podvasski
caleçon	**spodky**	sspotki
casquette	**čepici**	tchèpitsi
chemisier	**halenku**	halènnkou
cardigan	**svetr na zapínání**	ssvèt^{ou}r nazapiinnaagnii
chandail	**svetr**	ssvèt^{ou}r
chapeau	**klobouk**	klobo-ouk
chaussettes	**ponožky**	ponnochki
chaussettes (mi-bas)	**podkolenky**	potkolennki
chemise	**košili**	kochili
chemise de nuit	**noční košili**	notchgnii kochili
collants	**punčocháče**	pounntchoкнaatchè
combinaison	**kombiné**	kombinnêê
costume	**oblek**	oblèk
cravate	**vázanku**	vaazannkou
écharpe	**šálu**	chaalou
gaine-culotte	**podvazkový pás**	podvasskovii paass
gants	**rukavice**	roukavitsè
gilet	**tílko**	tyiilko
gilet (hommes)	**vestu**	vèsstou
imperméable	**pršák**	p^{ou}rchaak
jeans	**džínsy**	djiinnssy
jupe	**sukni**	ssoukgni
maillot de bain	**plavky**	plafki
maillot de corps	**nátělník**	naatyèlgniik
manteau	**kabát**	kabaat
mouchoir	**kapesník**	kapèssgniik
nœud papillon	**motýlka**	motiilka
pantalon	**kalhoty**	kal-hoti
parapluie	**deštník**	dèchtgniik
peignoir de bain	**koupací plášť**	ko-oupacii plaachty

peignoir	**župan**	joupann
pullover	**pulover**	pulovèr
à col roulé	**s rolákem**	ssrolaakèm
à col rond	**s kulatým výstřihem**	sskoulatiim viisstrchihèm
à col en V	**s véčkem**	ssvêêtchkèm
à manches longues/courtes	**s dlouhým/ krátkým rukávem**	ssdlo-ou-hiim/ kraatkiim roukaavèm
sans manches	**bez rukávů**	bèz roukaavoů
pyjama	**pyžamo**	pijamo
robe	**šaty**	chati
à manches longues	**s dlouhým rukávem**	ssdlo-ou-hiim roukaavem
à manches courtes	**s krátkým rukávem**	sskraatkiim roukaavèm
robe du soir	**večerní šaty**	vètchèrgnii chati
sac à main	**kabelku**	kabèlkou
salopette	**montérky**	monntêêrki
short	**šortky**	chortki
slip	**kalhotky**	kal-hotki
soutien-gorge	**podprsenku**	potp^(ou)rssènnkou
survêtement	**teplákovou soupravu**	tèplaakovo-ou so-oupravou
sweatshirt	**teplákovou bundu**	tèplaakovo-ou bounndou
tailleur	**kostým**	kostiim
tricot	**svetr**	ssvèt^(ou)r
T-shirt	**tričko**	tritchko
une paire de...	**pár...**	paar
veste	**sako**	ssako

boucle	**přesku**	prchèsskou
bouton	**knoflík**	knofliik
ceinture	**pásek**	paassèk
col	**límec**	liimèts
fermeture éclair	**zip**	zip
poche	**kapsu**	kapssou
pression	**patentku**	patènntkou

Chaussures *Boty*

Français	Tchèque	Prononciation
Je voudrais une paire de...	Chtěl(a) bych pár...	кнtyèl(a) bɪкн paar
bottes	holínek	holiinnèk
chaussures	boty	boti
plates	bez podpatku	bèsspotpatkou
à talons	na podpatku	napotpatkou
à semelles en cuir	s koženou podrážkou	sskojènno-ou podraachko-ou
à semelles en élastomère	s gumovou podrážkou	ssgumovo-ou podraachko-ou
mocassins	mokasín	mokassiinn
pantoufles	pantofle	panntoflè
sandales	sandálů	ssanndaaloŭ
tennis	tenisek	tènnissèk
Elles sont trop...	Tyhle jsou moc...	ti-hlè sso-ou mots
étroites/larges	úzké/široké	oŭsskêê/chirokêê
grandes/petites	velké/malé	vèlkêê/malêê
Avez-vous une pointure plus grande/ plus petite?	Máte větší/menší číslo?	maatè vyètchii/mènnchii tchiisslo
Avez-vous les mêmes en noir?	Máte ty samé v černém?	maatè ti ssamêê ftchèrnêêm
caoutchouc	guma	gouma
cuir	kůže	koŭjè
daim	semiš	ssèmich
en toile	látka	laatka
Est-ce du cuir véritable?	Je to z pravé kůže?	yè to sspravè koŭjè
Je voudrais du cirage/des lacets.	Potřebuji krém na boty/tkaničky.	potrchèbou-yi krêêm naboti/tkagnitchki

Vos chaussures sont usées? Voilà comment les faire réparer:

Français	Tchèque	Prononciation
Pouvez-vous réparer ces chaussures?	Můžete mi opravit tyto boty?	moŭjètè mi opravit tito boti
Pouvez-vous recoudre ceci?	Můžete tohle sešít?	moŭjètè to-hlè ssèchiit
Je voudrais un ressemelage et de nouveaux talons.	Chci nové podrážky a podpatky.	кнtsi novêê podraachki a potpatki
Quand seront-elles prêtes?	Kdy to bude hotové?	gdi to boudè hotovêê

Librairie—Papeterie *Knihkupectví—Papírnictví*

Les livres et la papeterie sont en général vendus dans des magasins différents. Vous trouverez les journaux et les revues dans les kiosques identifiés par les lettres PNS (*Poštovní Novinová Služba*, service postal d'information) et dans les bureaux de poste. Des quotidiens et des magazines occidentaux sont disponibles dans les grands hôtels et certains kiosques de la capitale. Pour les périodiques étrangers, recherchez l'écriteau *Zahraniční časopisy* (za-hranitchnii tchasopisi).

Où est... le/la plus proche?	**Kde je nejbližší...?**	gdè yè nèyblichii
librairie	**knihkupectví**	kgniкнкoupètstvii
papeterie	**papírnictví**	papiirgnitstvii
kiosque à journaux	**novinový stánek**	novinnovii staannèk
Où puis-je acheter un journal en français?	**Kde si můžu koupit francouzské noviny?**	gdè ssi moùjou ko-oupit franntso-ousskêê novinni
Où sont les guides de voyage?	**Kde najdu průvodce?**	gdè naydou proûvottsè
Où se trouvent les livres en français?	**Kde máte francouzské knihy?**	gdè maatè franntso-ousskêê kgni-hi
Avez-vous des livres de... en français?	**Máte některé knihy od... ve francouzstině?**	maatè gnèktèrè kgnihi od... vè franntsousschtyignè
Avez-vous des livres d'occasion?	**Máte nějaké antikvární knihy?**	maatè gnèyakè anntikvaargnii kgni-hi
Je voudrais acheter un/une/des...	**Já si chci koupit...**	yaa ssi кнci ko-oupit
agrafes	**svorky**	ssvorki
bloc-notes	**dopisní papír**	dopissgnii papiir
boîte de peinture	**vodové barvy**	vodovêê barvi
cahier	**sešit**	ssèchit
calculatrice de poche	**kalkulačku**	kalkoulatchkou
calendrier	**kalendář**	kalènndaarch
carnet d'adresses	**adresář**	adrèssaarch
carte postale	**pohled**	po-hlèd
carte	**mapu**	mapou
carte routière de...	**silniční atlas...**	ssilgnitchgnii atlass
plan de ville	**plán města**	plaann myèsta
cartes à jouer	**hrací karty**	hracii karti

COULEURS, voir page 112

colle	lepenku	lèpènnkou
crayon de papier	tužku	touchkou
crayons de couleur	pastelky	pastèlki
dictionnaire	... slovník	slovgniik
français-tchèque	česko-francouzsky	tchèssko-franntso-ousskii
de poche	kapesní	kapèssgnii
encre	inkoust	innko-oust
noire/rouge/bleue	černý/červený/modrý	tchèrnii/tchèrvènnii/modrii
enveloppes	obálky	obaalki
étiquette (autocollante)	(lepicí) štítek	(lèpitsii) chtyiitèk
ficelle	provázek	provaazèk
gomme	gumu	goumou
guide	průvodce	proûvottsè
guide de voyage	turistického průvodce	tourisstitkêêho proûvottsè
journal	noviny	novinni
français/belge	francouzské/belgické	franntso-ousskêê/belgitskêê
livre	knihu	kgni-hou
livre de grammaire	gramatiku	gramatikou
livre de poche	knížku v měkké vazbě	kgniitshkou vmyèkkê vazbyè
magazine	časopis	tchassopiss
papier	papír	papiir
papier à dessin	kreslicí papír	krèsslitsii papiir
papier à lettres	poznámkový papír	poznaamkovii papiir
papier à machine	papír do psacího stroje	papiir dopssatsiiho sstroyè
papier carbone	kopírovací papír	kopiirovatsii papiir
porte-mine	propisovací tužku	propissovatsii touchkou
punaises	připínáčky	prchipiinnaatchki
recharge	náplň do pera	naapoulgn dopèra
règle	pravítko	praviitko
ruban adhésif	lepicí pásku	lèpitsii paasskou
ruban de machine à écrire	pásku do psacího stroje	paasskou dopssatsiiho stroyè
serviettes en papier	papírové ubrousky	papiirovêê oubro-ouski
stylo	pero	pèro
stylo à bille	propisovací tužku	propissovatsii touchkou
stylo encre	plnicí pero	poulgnitsii pèro
stylo feutre	značkovač	znatchkovatch
taille-crayon	ořezávátko	orchèzaavaatko
trombones	spínátka	sspiinnaatka

Opticien *Optik*

J'ai cassé mes lunettes.	**Rozbil(a) jsem své brýle.**	rozbil(a) ssèm ssvè briilè
Pouvez-vous les réparer?	**Můžete mi je spravit?**	moûjètè mi yè sspravit
Quand seront-elles prêtes?	**Kdy budou hotové?**	gdi boudo-ou hotovêê
Pouvez-vous changer les verres?	**Můžete mi vyměnit čočky?**	moûjètè mi vimyègnit tchotchki
Je voudrais des verres teintés.	**Chtěl(a) bych tónované čočky.**	кнtyèl(a) bíкн taunnovannêê tchotchki
La monture est cassée.	**Obroučka je zlomená.**	obro-outchka yè zlomènnaa
Je voudrais un étui à lunettes.	**Chtěl(a) bych pouzdro na brýle.**	кнtyèl(a) bíкн po-ouzdro nabriile
Je voudrais faire contrôler ma vue.	**Chci si nechat zkontrolovat oči.**	кнci ssi nèкнat sskonntrolovat otchi
Je suis myope/ presbyte.	**Jsem krátkozraký(ká)/dalekozraký(ká).**	ssèm kraatkozrakii (-kaa)/ dalèkozrakii (-kaa)
Je voudrais des verres de contact/ lentilles.	**Chtěl(a) bych kontaktní čočky.**	кнtyèl(a) bíкн konntaktgnii tchotchki
J'ai perdu une lentille.	**Ztratil(a) jsem jednu kontaktní čočku.**	sstratil(a) ssèm yèdnou konntaktgnii tchotchkou
Pourriez-vous m'en donner une autre?	**Můžete mi dát ještě jednu?**	moûjètè mi daat yèchtyè yèdnou
J'ai des lentilles dures/souples.	**Nosím tvrdé/ měkké čočky.**	nossiim tv^{ou}rdêê/myèkêê tchotchki
Avez-vous du liquide pour verres de contact/lentilles?	**Máte roztok pro kontaktní čočky?**	maatè rosstok prokonntaktgnii tchotchki
Je voudrais acheter des lunettes de soleil.	**Chci si koupit sluneční brýle.**	кнci ssi ko-oupit sslounnètchgnii briilè
Puis-je me voir dans un miroir?	**Můžu se podívat do zrcadla?**	moûjou ssè podyiivat doz^{ou}rcadla
Je voudrais acheter des jumelles.	**Já bych si chtěl(a) koupit triedr.**	yaa bíкн ssi кнtyèl(a) ko-oupit tri-èd^{ou}r

Pharmacie *Lékárna*

Certaines pharmacies (*lékárna*) restent ouvertes la nuit. Pour savoir lesquelles sont de garde, consultez les listes affichées sur les portes de toutes les pharmacies.

Si vous avez besoin d'une ordonnance, la visite chez le médecin est gratuite, mais pas les médicaments. Si vous suivez un traitement médical, il est conseillé d'acheter vos médicaments avant de partir, car vous risquez de ne pas trouver d'équivalent sur place.

Vous pourrez acheter des articles de toilette dans une *drogerie* ou une *parfumerie*.
Cette section est divisée en deux parties:

1. Pharmacie—Médicaments, premiers soins, etc.

2. Hygiène—Cosmétiques, etc.

Généralités *Všeobecné dotazy*

Où est la pharmacie (de garde) la plus proche?	**Kde je nejbližší (noční) lékárna?**	gdè yè nèyblichii (notchgnii) lêêkaarna
A quelle heure ouvre/ ferme la pharmacie?	**V kolik hodin otevírají/zavírají v lékárně?**	fkolik hodyinn otèviirayii/zaviirayii vlêêkaargnè

1. Pharmacie—Médicaments *Léky*

Je voudrais quelque chose contre...	**Potřebuji něco proti...**	potrchèbou-yi gnètso protyi
coups de soleil	**spálení sluncem**	sspaalegnii slounntsèm
indigestion	**žaludeční nevolnosti**	jaloudètchgnii nèvolnosstyi
mal du voyage	**nemoci z cestování**	nèmotsi sstsèsstovaagnii
piqûres d'insectes	**kousnutí**	ko-oussnoutyii
rhume/toux	**rýmě/kašli**	riimyè/kachli
rhume des foins	**senné rýmě**	ssènnêê riimyè
Pouvez-vous me préparer cette ordonnance, s.v.p.?	**Můžete mi připravit tento předpis?**	moûjète mi prchipravit tènnto prchètpiss
Puis-je l'obtenir sans ordonnance?	**Potřebuji na to předpis?**	potrchèbou-yi na to prchètpiss

MÉDECIN, voir page 137

Dois-je attendre?	**Mám si počkat?**	maam ssi potchkat
Puis-je avoir...?	**Chtěl(a) bych ...**	кнtyèl(a) biкн
analgésique	**utišující prostředek**	outyichou-yiitsii prosstrchèdèk
aspirine	**acylpirin**	atsilpirinn
bandage	**obvaz**	obvass
bandage élastique	**pružny obvaz**	proujnii obvass
comprimés contre...	**... prášky**	... praachki
contraceptifs	**antikoncepční prostředky**	anntikonntsèptchgnii prostrchèdki
coton hydrophile	**vatu**	vatou
crème antiseptique	**antiseptický krém**	anntissèptitskii krêêm
crème contre les insectes	**postřik proti hmyzu**	posstrchik protyi hmizou
désinfectant	**desinfekci**	dèsinnfèktsi
emplâtres pour cors	**ochranu kuřího oka**	окнrannou kourchiiho oka
gargarisme	**ústní výplach**	oûsstgnii viiplaкн
gaze	**gázu**	gaazou
gouttes pour le nez	**kapky do nosu**	kapki donnossou
gouttes pour les oreilles	**kapky do uší**	kapki do-ouchii
gouttes pour les yeux	**kapky do očí**	kapki do-otchii
iode	**jód**	yaut
laxatif	**projímadlo**	proyiimadlo
pansements	**leukoplast**	le-oukoplast
pastilles contre la toux	**něco proti kašli**	gnètso protyi kachli
pastilles pour la gorge	**pastilky pro bolavý krk**	passtilki pro bolavii kᵒurk
préservatifs	**preservativ**	prèzèrvatif
serviettes hygiéniques	**vložky**	vlochki
somnifère	**prášek na spaní**	praachèk naspagnii
sparadrap	**leukoplast**	le-oukoplast
suppositoires	**čípky**	tchiipki
tampons hygiéniques	**tampóny**	tampaunni
thermomètre	**teploměr**	tèplomyèr
tranquillisants	**utišovací prostředky**	outyichovatsii prosstrchèdki
trousse de premiers soins	**první pomoc**	pᵒurvgnii pomots
vitamines	**vitaminové pilulky**	vitaminnovêê piloulki

JED	POISON
JEN PRO VNĚJŠÍ POUŽITÍ	POUR USAGE EXTERNE

PARTIES DU CORPS, voir page 138

2. Cosmétiques—Hygiène *Toaletní potřeby*

Je voudrais...	Chtěl(a) bych...	KHtyèl(a) biKH
astringent	svíravý prostředek	ssviiravii prosstrchèdèk
bain moussant	pěnu do koupele	pyènnou doko-oupèlè
blaireau	stětku na holení	chtyètkou na-holègnii
blush	růž	roûj
brosse à dents	kartáček na zuby	kartaatchèk nazoubi
brosse à ongles	kartáček na nehty	kartaatchèk nannèkHti
ciseaux à ongles	nůžky na nehty	noûchki nannèkHti
cotons à démaquiller	vatové tlapky	vatovèê tlapki
coupe-ongles	kleště na nehty	klèchtyè nannèkHti
crayon à sourcils	tužku na obočí	touchkou na-obotchii
crème à raser	mýdlo na holení	miidlo na-holègnii
crème	krém	krêêm
nettoyante	čistící krém	tchisstyiitsii krêêm
fond de teint	podkladový krém	potkladovii krêêm
hydratante	výživný krém	viijivnii krêêm
de nuit	noční krém	notchgnii krêêm
crème pour les mains	krém na ruce	krêêm naroutsè
crème pour les pieds	krém na chodidla	krêêm naKHodyidla
crème solaire	krém na opalování	krêêm na-opalovaagnii
démaquillant	krém na odstranění líčidla	krêêm na-otsstragnègnii liitchidla
dentifrice	zubní pastu	zoubgnii passtou
déodorant	dezodorant	dèzodorannt
dissolvant	odlakovač	odlakovatch
eau de toilette	kolínskou vodu	koliinssko-ou vodou
épingles de sûreté	spínací špendlíky	sspiinatsii chpènndliiki
éponge	houbu	ho-oubou
eye-liner	stěteček na malování obočí	chtyètètchèk na-omalovaagnii obotchii
fard à joue	růž	roûj
fard à paupières	barvu na víčka	barvou naviitchka
houppette	labuťěnku	laboutyènnkou
huile solaire	olej na opalování	olèy na-opalovaagnii
lames de rasoir	žiletky	jilètki
lime à ongles	pilník na nehty	pilgniik nannèkHti
lotion après-rasage	vodu po holení	vodou po-holègnii
mouchoirs en papier	ubrousky	oubro-ousski
papier hygiénique	toaletní papír	toalètgnii papiir
parfum	parfém	parfêêm
pince à épiler	pinsetu	pinnssètou
poudre	pudr	pud^(ou)r
produit pour enlever les cuticules	nůžky na kůžičku	noûchki nakoûjitchkou

rasoir	**břitvu**	brchitvou
rouge à lèvres	**rtěnku**	rtyènnkou
savon	**mýdlo**	miidlo
sels de bain	**koupelovou sůl**	ko-oupèlovo-ou soûl
serviette	**ručník**	routchgniik
stick-lèvres	**bezbarvou rtěnku**	bèzbarvo-ou rtyènnkou
talc	**zásyp**	zaassip
vernis à ongles	**lak na nehty**	lak nannèкнti

Pour vos cheveux *Pro vaše vlasy*

barrette	**zavírací sponku do vlasů**	zaviiratsii ssponnku do vlassoû
bigoudis	**natáčky**	nataatchki
brosse à cheveux	**kartáč na vlasy**	kartaatchèk navlassi
coloration	**tón**	taunn
épingles à cheveux	**pinetky**	pinnètki
fixatif	**tužidlo na vlasy**	toujidlo navlassi
gel pour cheveux	**tužidlo na vlasy**	toujidlo navlassi
laque	**lak na vlasy**	lak navlassi
lotion capillaire	**vodu na vlasy**	vodou navlassi
peigne	**hřeben**	hrchèbènn
perruque	**paruka**	parouka
pinces à cheveux	**sponky**	ssponnki
shampooing colorant	**barvicí šampón**	barvitsii champaunn
shampooing pour cheveux secs/gras	**šampón na suché/na mastné vlasy**	champaunn nassouкнêê/ namastnêê vlassi
shampooing sec	**šampón v prášku**	champaunn fpraachkou
teinture	**barvu**	barvou

Pour bébé *Pro miminko*

aliments pour bébé	**výživa pro kojence**	viijiva prokoyènntse
biberon	**láhev pro kojence**	laa-hèf prokoyènntse
couches	**plenky**	plènnki
tétine	**dudlík** ·	doudliik

Photographie *Fotografování*

Je voudrais un appareil-photo...	**Chtěl(a) bych ... fotoaparát.**	кнtyèl(a) bікн ... foto-aparaat
automatique	**automatický**	aoutomatitskii
bon marché	**laciný**	latsinii
simple	**jednoduchý**	yèdnodouкнii
Pouvez-vous me montrer des..., s.v.p.?	**Můžete mi ukázat nějaké...?**	moûžetè mi oukaazat gnèyakêê
caméras	**filmové kamery**	filmovêê kamèri
caméscopes	**videokamery**	vidèokamèri
Je voudrais me faire faire des photos d'identité.	**Potřebuji fotografie na pas.**	potrchèbou-yi fotografiyè napass

Pellicules *Film*

Je voudrais une pellicule pour cet appareil-photo.	**Chtěl(a) bych film pro tento aparát.**	кнtyèl(a) bікн film pro tènnto aparaat
noir et blanc	**černo-bílý**	tchèrno-biilii
couleur	**barevný**	barèvnii
pour négatifs couleurs	**barevné negativy**	barèvnêê nègativi
pour diapositives	**diapozitivy**	diapozitivi
bobe	**svitkový film**	ssvitkovii film
cassette	**kazetu**	kazètou
cassette vidéo	**video kazetu**	vidèokazètou
film-disque	**diskový film**	diskovii film
24/36 poses	**dvacet čtyři/třicet šest snímků**	dvatsèt tchtirchi/trchitsèt chèsst ssgniimkoû
de cette taille	**tuto velikost**	touto vèlikosst
de ce numéro ASA/DIN	**tohle ASA/DIN číslo**	to-hlè ASA/DIN tchiisslo
à grain fin	**jemnozrnný**	yèmnoz^{ou}rnii
pour lumière artificielle	**pro umělé světlo**	pro-oumyèlêê ssvyètlo
pour lumière naturelle	**pro denní světlo**	prodègnii ssvyètlo
ultrarapide	**rychlý**	rікнlii

Développement *Vyvolání*

| Combien coûte le développement? | **Kolik stojí vyvolání?** | kolik sstoyii viivolaannii |

Je voudrais... copies de chaque négatif.	Chtěl(a) bych... kopie všech negativů.	кнtyèl(a) bікн... kopiyè fchèкн nègativoû
en mat	matné	matnêê
en brillant	lesklé	lèssklêê
Pourriez-vous agrandir ceci, s.v.p.?	Můžete tohle, prosím, zvětšit?	moûjètè to-hlè prossiim zvyèt-chit
Quand les photos seront-elles prêtes?	Kdy budou ty fotografiye hotové?	gdi boudo-ou ti fotografiyè hotovêê

Accessoires et réparations *Příslušenství a opravy*

Je voudrais...	Chtěl(a) bych...	кнtyèl(a) bікн
capuchon d'objectif	víčko objektivu	viitchko obyèktivu
déclencheur	dálkovou spoušť	daalkovo-ou sspo-ouchty
étui à appareil-photo	pouzdro na aparát	po-ouzdro na aparaat
filtre	filtr	filtèr
pour noir et blanc	pro černobílý	pro tchèrnobiilii
pour couleur	pro barvu	pro barvou
flash (électronique)	(elektronický) blesk	(èlèktronnitskii) blèssk
objectif	objektiv	obyèktif
téléobjectif	teleobjektiv	tèlè-obyèktif
grand-angle	širokoúhlý objektiv	chiroko-oû-hlii obyèktif
pile	baterie	batèriye
Pouvez-vous réparer cet appareil-photo, s.v.p.?	Můžete opravit tento aparát?	moûjètè opravit tènnto aparaat
La pellicule est coincée.	Film je zaražený.	film yè zarajènnii
Quelque chose ne va pas au niveau du/de la...	Nefunguje...	nèfounn-gou-yè
cellule (photo-électrique)	expozimetr	èxpozimèt^{ou}r
compte-poses	počítač snímků	potchiitatch ssgniimkoû
glissière du flash	připevnění blesku	prchipèvgnègnii blèskou
levier d'avancement	přetáčení filmu	prchètaatchègnii filmou
objectif	objektiv	obyèktif
obturateur	spoušť	sspo-ouchty
télémètre	dálkoměr	daalkomyèr

CHIFFRES, voir page 147

Divers *Rozmanitosti*

Souvenirs *Suvenýry*

Pour la plupart des chasseurs de souvenirs, la République tchèque signifie cristallerie et verrerie. Les marques les plus réputées sont Moser et Bohême, mais comme tous les cristaux, elles sont sujettes à des taxes à l'exportation. Les objets en cuir, la dentelle, les poupées, les broderies, les antiquités, les grenats de Bohême (*České granáty*) et les bijoux fantaisie sont autant de cadeaux qui seront appréciés à votre retour.

N'oubliez pas la porcelaine, et envisagez de rapporter une bouteille de *Becherovka*, l'apéritif de Karlovy Vary, ou une bouteille de *slivovice* (eau de vie de prune).

antiquité	**starožitnost**	starojitnost
bijoux	**klenoty**	klènnoti
broderie	**výšivka**	viichifka
céramique	**keramika**	kèramika
chocolat	**čokoláda**	tchokolaada
crystal	**křišťalové sklo**	krchichtyalovêê ssklo
cuir	**kůže**	koûjè
dentelle	**krajka**	krayka
livre d'art	**kniha o umění**	kgni-ha o-oumyègnii
livres d'occasion	**antikvární knihi**	anntikvaargnii kgni-hi
marionnette	**loutka**	lo-outka
objets d'artisanat	**ruční práce**	routchgnii praatsè
porcelaine	**porcelán**	portsèlaann
pots de grès	**kamenina**	kamègninna
poupée	**panna**	panna
verrerie	**sklo**	ssklo
vêtements de sport	**sportovní zboží**	ssportovgnii zbojii

Disques—Cassettes *Gramofonové desky—Kazety*

Si vous cherchez un souvenir original de Prague, vous trouverez une quantité impressionnante de disques et cassettes. La région produit un choix très vaste d'opéra, et de musique classique, folklorique et populaire.

Je voudrais…	**Chtěl(a) bych…**	кнtyèl(a) bìкн
cassette	**kazetu**	kazétou
cassette vidéo	**videokazetu**	vidèokazètou
compact disc	**kompaktní disk**	kompaktgnii dissk

Avez-vous des disques de...?	Máte nějaké desky od...?	maatè gnèyakêê dèski od
Puis-je écouter ce disque?	Můžu si poslechnout tuto desku?	moûjou ssi posslèkнno-out touto dèsskou
chanson folklorique	lidová písnička	lidovaa piissgnitchka
jazz	džez	djèz
musique classique	klasická hudba	klassitskaa houdba
musique de chambre	komorní hudba	komorgnii houdba
musique folklorique	lidová hudba	lidovaa houdba
musique instrumentale	instrumentální hudba	insstroumènntaalgnii ɦoudba
musique légère	lehká hudba	lèкнkaa houdba
musique pop	populární hudba	popoulaargnii houdba
musique symphonique	orchestrální skladby	orкнèsstraalgnii sskladbi

Jouets *Hračky*

Je voudrais un jouet/ jeu...	Chtěl(a) bych hračku/hru...	кнtyèl(a) biкн hratchkou/ hrou
pour un garçon	pro chlapce	proкнlaptsè
pour une fillette de cinq ans	pro pětiletou holčičku	propyètyilèto-ou holtchitchkou
ballon (de plage)	míč (na pláž)	miitch (naplaaj)
jeu de cartes	karetní hru	karètgnii hrou
jeu d'échecs	šachy	chaкнi
jeu de construction	stavební kostky	sstavèbgnii kosstki
jeu électronique	elektronickou hru	èlèktronnitsko-ou hrou
livre à colorier	omalovánky	omalovaannki
ours en peluche	medvídka	mèdviitka
patins à roulettes	kolečkové brusle	kolètchkovêê brousslè
poupée	panenku	pannènnkou
seau et pelle	kyblík a lopatku	kibliik a lopatkou
tuba	šnorkl	chnork^(ou)l
voiture miniature	autíčko	aoutyiitchko

CHIFFRES, voir page 147

Votre argent: banques—change

L'unité monétaire de base dans les Républiques tchèque et slovaque est la *koruna* (couronne), abrégée Kčs. Une koruna vaut 100 hellers (hal.).

Billets: 20, 50, 100, 200, 500, 2000 et 5000 Kčs.
Pieces: 50 hal., 1, 2, 5, 10, 20 et 50 Kčs.

Il n'y a pas de restriction sur la quantité de devises étrangères que vous pouvez importer ou exporter. Cependant, il est interdit d'importer ou d'exporter plus de 100 Kčs.

Dans les lieux touristiques, il n'est pas rare que l'on vous propose de changer vos devises au marché noir (*Tauschen* - le mot allemand pour change), mais ceci est illégal.

Les magasins, hôtels, agences de voyage et compagnies aériennes dans les grands centres touristiques acceptent les cartes de crédit suivantes: Access, American Express, Diners Club, Master Card et JCB. Les symboles en sont affichés sur la porte d'entrée. On accepte aussi les chèques de voyage et les eurochèques, mais on vous demandera alors de produire votre passeport.

Les bureaux de change officiels (*směnárna*) se trouvent à la frontière, dans les aéroports, et, en ville, dans les banques, les agences de voyage et les hôtels. Votre passeport y sera exigé lors de toute transaction. Certain employés parlent l'allemand ou l'anglais.

Où est la banque la plus proche?	**Kde je nejbližší banka?**	gdè yè nèyblichii bannka
Où est le bureau de change le plus proche?	**Kde je nejbližší směnárna?**	gdè yè nèyblichii smyènnaarna

A la banque *V bance*

Les banques sont généralement ouvertes de 8 h. à 17 h. du lundi au vendredi, ainsi que le samedi matin. Le taux de change y est souvent plus intéressant que dans les bureaux de change.

Je voudrais changer des ...	**Chci si vyměnit nějaké ...**	кнtsi ssi vimyègnit gnèyakêê
Je voudrais encaisser un chèque de voyage.	**Chci si vyměnit cestovní šek.**	кнtsi ssi vimyègnit tsèsstovgnii chèk
Quel est le taux?	**Jaký je dnes kurs?**	yakii yè dnèss kourss
Quelle commission prenez-vous?	**Kolik se platí komise?**	kolik ssè platyii komissè
Puis-je toucher un chèque à ordre?	**Můžete mi vyplatit osobní šek?**	moûjètè mi viplatyit ossobgnii chèk
Pouvez-vous envoyer un télex à ma banque à ...?	**Můžete poslat telex mé bance v ...?**	moûjètè posslat tèlèx mêê banntsè v
J'ai ...	**Mám ...**	maam
carte de crédit	**úvěrovou kartu**	oûvyèrovo-ou kartou
Eurochèques	**Eurošek**	è-ourochèk
lettre de crédit	**dopis doporučení**	dopiss doporoutchègnii
J'attends de l'argent de Paris. Est-il arrivé?	**Čekám peníze z Paříže. Už přišly?**	tchèkaam pegniizè ss parchiijè. ouch prchichli
Donnez-moi des billets de ... et de la monnaie, s.v.p.	**Dejte mi prosím ... v bankovkách a nějaké drobné.**	dèytè mi prossiim ... vbannkofkaaкн a gnèyakêê drobnêê
Donnez-moi ... grosses coupures et le reste en petites coupures, s.v.p.	**Dejte mi ... ve velkých bankovkách a ten zbytek v malých bankovkách.**	dèytè mi ... vèvèlkiiкн bannkofkaaкн a tènn zbitèk vmaliiкн bannkofkaaкн

Dépôts—Retraits *Uložení—Vyzvednutí*

Je désire ...	**Chci ...**	кнtsi
ouvrir un compte	**otevřít konto**	otèvrchiit konnto
retirer ... koruna	**vyzvednout ... korun**	vizvèdno-out ... korounn
Où dois-je signer?	**Kde se mám podepsat?**	gdè ssè maam podèpssat

CHIFFRES, voir page 147

| Je voudrais verser ceci sur mon compte. | **Chci uložit peníze na mé konto.** | кнtsi oulojit pègniize naměê konnto |

Termes d'affaires *Obchodní výrazy*

Je m'appelle...	**Jmenuji se...**	mènnou-yi ssè
Voici ma carte.	**Tady je moje návštívenka.**	tadi yè moyè nafchtiivènnka
J'ai rendez-vous avec...	**Mám domluvenou schůzku s...**	maam domlouvènno-ou ss-choûsskou ss
Pouvez-vous me donner une estimation du coût?	**Můžete mi dát odhadní cenu?**	moûjètè mi daat odhadgnii tsènnou
Quel est le taux d'inflation?	**Kolik procent je inflace?**	kolik protsènnt yè innflatsè
Pourriez-vous me procurer un interprète/une secrétaire?	**Můžete mi sjednat tlumočníka/sekretářku?**	moûjètè mi ssyèdnat tloumotchgniika/ sèkrètaarchkou
Où puis-je faire des photocopies?	**Kde si můžu udělat fotokopie?**	gdè ssi moûjou oudyèlat fotokopiyè

achat	**koupě**	ko-oupyè
action	**podíl**	podyiil
bénéfice	**zisk**	zissk
bilan	**bilance**	bilanntsè
capital	**kapitál**	kapitaal
chèque	**šek**	chèk
contrat	**smlouva**	ssmlo-ouva
dépenses	**výlohy**	viilo-hi
facture	**faktura**	faktoura
hypothèque	**hypotéka**	hipotêêka
intérêt	**úroky**	oûroki
investissement	**investice**	innvèstitsè
paiement	**splátka**	ssplaatka
perte	**ztráta**	sstraata
pourcentage	**procenta**	protsènnta
remise	**sleva**	sslèva
somme	**množství**	mnoch-sstvii
transfert	**převod**	prchèvot
valeur	**hodnota**	hodnota
vente	**prodej**	prodèy

A la poste

Les postes tchèques (*pošta*) acheminent le courier et transmettent les télégrammes, telex et appels téléphoniques de longue distance, tels que les appels interurbains (*meziměstskíy*). Vous pouvez aussi y acheter des timbres et des cartes postales.
Les boîtes à lettres sont rattachées aux bâtiments et sont de couleurs distinctes: soit orange avec les côtés bleus, soit jaunes.

La poste centrale de Prague, située au 14 Jindřišská, est classée bâtiment historique et est ouverte 24 h. sur 24.

Où est le bureau de poste le plus proche?	**Kde je tady nejbližší pošta?**	gdè yè tadi nèyblichii pochta
A quelle heure ouvre/ferme la poste?	**V kolik hodin otevírají/zavírají na poště?**	fkolik hodyinn otèviirayii/zaviirayii napochtyè
Un timbre pour cette lettre/carte postale, s.v.p.	**Známku pro tento dopis/pohled, prosím.**	znaamkou pro tènnto dopiss/pohlèt prossiim
Un timbre à... koruna, s.v.p.	**... korunovou známku, prosím.**	... korounovo-ou znaamkou prossiim
Quel est le tarif pour une lettre pour France?	**Kolik stojí dopis do Francie?**	kolik sstoyii dopiss do franntsiyè
Quel est le tarif pour une carte postale pour la Suisse?	**Kolik stojí pohled do Švýcarska?**	kolik sstoyii po-hlèt do chviitsarsska
Où est la boîte aux lettres?	**Kde je poštovní schránka?**	gdè yè pochtovgnii ss-chraannka
Je voudrais envoyer ce paquet.	**Chci poslat tento balíček.**	кнсi posslat tènnto baliitchèk
Je voudrais envoyer ceci...	**Chci tohle poslat...**	кнtsi to-hlè posslat
en recommandé par avion par exprès	**doporučeně leteckou poštou expresem**	doporoutchègnè lètètsko-ou pochto-ou èxprèssèm
A quel guichet puis-je encaisser un mandat postal international, s.v.p.?	**Kde mi mohou vyplatit mezinárodní poštovní kupón?**	gdè mi mo-ho-ou viplatyit mèzinaarodgnii pochtovgnii koupaunn

PAYS, voir page 146

| Où est la poste restante? | **Kde je Poste Restante?** | gdè yè posstè rèsstanntè |
| Y a-t-il du courrier pour moi? Je m'appelle... | **Je tu pro mne nějaká pošta? Jmenuji se...** | yè tou promgnè gnèyakaa pochta. mènnou-yi ssè |

ZNÁMKY	TIMBRES
BALÍKY	COLIS
POŠTOVNÍ POUKÁZKY	MANDATS

Télégrammes—Télex—Fax *Telegramy—Telexy—Telefaxy*

On peut envoyer des télégrammes à partir de n'importe quel bureau de poste et de la plupart des hôtels, mais seuls les postes centrales et les plus grands hôtels transmettent les telex et les fax.

Je voudrais envoyer un télégramme/un télex.	**Já chci poslat telegram/telex.**	yaa кнci posslat tèlègram/ tèlèx
Puis-je avoir un formulaire, s.v.p.?	**Máte na to formulář?**	maatè nato formoulaarch
Quel est le tarif par mot?	**Kolik stojí jedno slovo?**	kolik sstoyii yèdno sslovo
Combien de temps met un télégramme pour arriver à...?	**Jak dlouho půjde telegram do...?**	yak dlo-ou-ho poûydè tèlègram do
Combien coûtera ce télex (fax)?	**Kolik bude ten telex (telefax) stát?**	kolik boudè tènn tèlèx (tèlèfax) sstaat

Téléphone *Používání telefonu*

Vous trouverez des téléphones publics à pièces (*telefonní automat na mince*) dans les rues, les stations de métro et autres lieux publics. Il y a deux principaux types de téléphones en service. Le modèle le plus simple, de couleur jaune ne transmet que les appels locaux. Il accepte les pièces de 1 Kčs, mais s'il est plein, il refusera votre pièce et coupera la ligne.

Pour les appels internationaux, vous éviterez les problèmes de monnaie en appelant depuis un bureau de poste, une gare centrale ou votre hôtel. Dans les petites villes et les villages, les appels longue distance doivent passer par le central (*ústředna*).

Où est le téléphone?	**Kde je tady telefon?**	gdè yè tadi tèlèfonn
Je voudrais un jeton de téléphone, s.v.p.	**Chtěl(a) bych telefonní žeton.**	кнtyèl(a) biкн tèlèfognii jètonn
Où est la cabine téléphonique la plus proche?	**Kde je tady nejbližší telefonní budka?**	gdè yè tadi nèyblichii tèlèfognii boutka
Puis-je utiliser votre téléphone?	**Můžu si od vás zatelefonovat?**	moûjou ssi odvaas zatèlèfonnovat
Avez-vous un annuaire téléphonique pour...?	**Máte telefonní seznam pro Prahu?**	maatè tèlèfogni ssèznam pro pra-hou
Je voudrais téléphoner... en France.	**Chtěl(a) bych zavolat... do Francie.**	кнtyèl(a) biкн zavolat... do franntsiyè
Quel est l'indicatif pour...?	**Jaký je volací kód do...?**	yak yè volatsii kaud do
Comment obtient-on le service international?	**Jaké číslo mají mezinárodní hovory?**	yakêê tchiisslo mayii mèzinaarodgnii hovori

Opérateur/opératrice *Telefonista*

Je voudrais le 123 45 67 à Plzen.	**Chci zavolat Plzeň dvacet tři čtyřicet pět šedesát sedm.**	кнtsi zavolat p^{ou}lzègn dvatsèt trchi tchtirchitsèt pyèt chèdèssaat ssèdoum
Pourriez-vous m'aider à obtenir ce numéro, s.v.p.?	**Můžete mě spojit s tímto číslem?**	moûjètè mgnè sspoyit sstiimto tchiisslèm
Je voudrais une communication avec préavis.	**Chci objednat osobní hovor.**	кнtsi obyèdnat ossobgnii hovor
Je voudrais téléphoner en P.C.V.	**Chci mít hovor na účet volaného.**	кнtsi miit hovor na oûtchèt volanêêho

CHIFFRES, voir page 147

Au téléphone *Prosím!*

Allô. C'est… à l'appareil.	**Haló. Tady je…**	halau. tadi yè
Je voudrais parler à…	**Mohl(a) bych mluvit s…**	moh^(ou)l (mo-hla) biкн mlouvit ss
Le poste…	**Prosím dejte mi linku…**	prossiim dèytè mi linnkou
Parlez plus fort/plus lentement, s.v.p.	**Mohl[a] byste mluvit hlasitěji/pomaleji?**	moh^(ou)l [mo-hla] bisstè mlouvit hlassityè-yi/ pomalèyi

Pas de chance *Není tady*

Pourriez-vous rappeler un peu plus tard, s.v.p.?	**Můžete to prosím zkusit později?**	moûjètè to prossiim sskoussit pozdyè-yi
Mademoiselle, vous m'avez donné un faux numéro.	**Dala jste mi špatné číslo.**	dal sstè mi chpatnêê tchiisslo
Mademoiselle, nous avons été coupés.	**Nás někdo přerušil.**	naass gnègdo prchèrouchil

---

Code d'épellation *Telefoní abeceda*

A	**Adam**	adam	O	**Oto**	oto
B	**Božena**	bojènna	P	**Petr**	pèt^(ou)r
C	**Cyril**	tsiril	Q	**Quido**	kvido
D	**David**	davit	R	**Rudolf**	roudolf
Ď	**Ďumbier**	dyoumbyèr	Ř	**Řehoř**	rchè-horch
E	**Èmil**	emil	S	**Svatopluk**	ssvatoplouk
F	**František**	franntyichèk	Š	**Šimon**	chimon
G	**Gustav**	gousstaf	T	**Tomáš**	tomaach
H	**Helena**	hèlènna	Ť	**Teplá**	tyèplaa
I	**Ivan**	ivann	U	**Urban**	ourbann
J	**Josef**	yossèf	V	**Václav**	vaaclaf
K	**Karel**	karèl	W	**dvojité vé**	dvojitêê vêê
L	**Ludvík**	loudviik	X	**Xaver**	xavèr
Ľ	**Ľubochňa**	lyouboкнgnya	Y	**ypsilon**	ipssilonn
M	**Marie**	mariyè	Z	**Zuzana**	zouzanna
N	**Norbert**	norbèrt	Ž	**Žofie**	jofyè

La personne n'est pas là *Tam nikdo není*

Quand sera-t-il/elle de retour?	**Kdy se vrátí?**	gdi ssè vraatyii
Pouvez-vous lui dire que j'ai appelé?	**Mohl[a] byste mu/jí* říct, že jsem telefonoval?**	moh^{ou}l [mo-hla] bisstè mou/jii rchiitst jè ssèm tèlèfonoval
Pourriez-vous lui demander de me rappeler?	**Mohl/mohla by mi zavolat?**	moh^{ou}l/mo-hla bi mi zavolat
Pourriez-vous prendre un message, s.v.p.?	**Můžete mu/jí vyří-dit zprávu?**	moûjètè mou/yii virchiidyit sspraavou

Taxes *Poplatky*

| Quel est le coût de cette communication? | **Kolik stál ten hovor?** | kolik sstaal tènn hovor |
| Je voudrais payer la communication. | **Chci platit za ten hovor.** | кнci platyit zatènn hovor |

👉	👈
Je tady pro vás telefon.	Il y a un appel pour vous.
Které číslo voláte?	Quel numéro demandez-vous?
Je to obsazené.	C'est occupé.
Nikdo neodpovídá.	Il n'y a pas de réponse.
Máte špatné číslo.	Vous avez fait un faux numéro.
Ten telefon nefunguje.	Le téléphone est en dérangement.
Malý moment.	Un moment.
Prosím čekejte.	Ne quittez pas, s.v.p.
On/Ona tady momentálně není.	Il/elle est absent(e) pour le moment.

---

*mu = lui (masculin); jí = lui (féminin)

Médecin

La sécurité sociale tchèque est parée à toutes les éventualités.
Les soins médicaux d'urgence sont gratuits, mais pas les médicaments. De nombreux médecins et dentistes tchèques ont aussi des cabinets privés.

Généralités *Všeobecné informace*

Pouvez-vous m'appeler un médecin?	**Můžete mi sehnat lékaře?**	moûjètè mi ssèhnat lêêkarchè
Y a-t-il un médecin ici?	**Je tady lékař?**	yè tadi lêêkarch
J'ai besoin d'un médecin, vite.	**Potřebuji rychle lékaře.**	potrchèbou-yi riкнlè lêêkarchè
Où puis-je trouver un médecin qui parle français?	**Jak najdu lékaře který mluví francouzsky?**	yak naydou lêêkarchè ktèrii mlouvii franntso-ousski
Où est le cabinet (médical)?	**Kde je lékařská ordinace?**	gdè yè lêêkarchsskaa ordinatsè
Quelles sont les heures de consultation au cabinet?	**Jaké jsou ordinační hodiny?**	yakêê sso-ou ordinatchgnii hodyinni
Le médecin pourrait-il venir me voir?	**Mohl by lékař přijít ke mě?**	moh^{ou}l bi lêêkarch prchiyiit kèmgnè
A quelle heure le médecin peut-il venir?	**V kolik hodin přijde lékař?**	fkolik hodyinn prchiidè lêêkarch
Pouvez-vous me recommander...?	**Můžete mi doporučit...?**	moûjètè mi doporoutchit
généraliste	**rodinnného lékaře**	rodyinnêê-ho lêêkarchè
pédiatre	**dětského lékaře**	dyètsskêê-ho lêêkarchè
oculiste	**očního specialistu**	otchgniiho sspècialisstou
gynécologue	**gynekologa**	ginnèkologa
Puis-je avoir un rendez-vous...?	**Můžu se objednat na...?**	moûjou ssè objèdnat na
demain	**zítra**	ziitra
dès que possible	**co nejdřív**	tso nèydrchiif

PHARMACIE, voir page 121/URGENCES, page 156

Parties du corps *Části těla*

amygdales	**mandle**	manndlè
appendice	**slepé střevo**	slèpêê strchèvo
articulation	**kloub**	klo-oup
bouche	**ústa**	oûssta
bras	**paže**	pajè
colonne vertébrale	**páteř**	paatèrch
côte	**žebro**	jèbro
cou	**krk**	k^{ou}rk
cuisse	**stehno**	sstè-hno
cœur	**srdce**	ss^{ou}rttsè
doigt	**prst**	p^{ou}rsst
dos	**záda**	zaada
épaule	**rameno**	ramènno
estomac	**žaludek**	jaloudèk
foie	**játra**	yaatra
genou	**koleno**	kolènno
glande	**žláza**	jlaaza
gorge	**hrdlo**	h^{ou}rdlo
intestins	**střeva**	sstrchèva
jambe	**noha**	no-ha
langue	**jazyk**	yazik
lèvre	**ret**	rèt
ligament	**šlacha**	chlakна
mâchoire	**čelist**	tchèlisst
main	**ruka**	rouka
muscle	**sval**	ssval
nerf	**nerv**	nèrf
nez	**nos**	nnoss
œil	**oko**	oko
oreille	**ucho**	оuкно
organes génitaux	**přirození**	prchirozègnii
orteil	**prst u nohy**	p^{ou}rsst ouno-hi
os	**kost**	kosst
peau	**kůže**	koûjè
pied	**chodidlo**	кнodyidlo
poitrine	**hrudník**	hroudgniik
pouce	**palec**	palèts
poumon	**plíce**	pliitsè
rein	**ledviny**	lèdvinni
sein	**prs**	p^{ou}rss
tendon	**šlacha**	chlakна
tête	**hlava**	hlava
veine	**žíla**	jiila
vessie	**močový měchýř**	motchovii myèкнiirch
visage	**obličej**	oblitchèy

Accidents—Blessures *Nehoda—Zranění*

Il y a eu un accident.	**Tady se stala nehoda.**	tadi ssè sstala nè-hoda
Mon enfant a fait une chute.	**Moje dítě upadlo.**	moyè dyiityè oupadlo
Il/elle s'est fait mal à la tête.	**Uhodil(a) se do hlavy.**	ouhodil(a) ssè dohlavi
Il/elle a perdu connaissance.	**Je v bezvědomí.**	yè vbèzvyèdomii
Il/elle saigne abondamment.	**Krvácí těžce.**	k^{ou}rvaatsii tyèchtse
Il/elle est sérieusement blessé(e).	**Je vážně zraněný (zraněná).**	yè vaajgnè zragnènnii (zragnènnaa)
Il/elle a le bras cassé.	**Má zlomenou ruku.**	maa zlomènno-ou roukou
Il/elle a la cheville enflée.	**Má nateklý kotník.**	maa natèklii kotgniik
J'ai été piqué(e).	**Mne něco štíplo.**	mnè gnètso chtyiiplo
J'ai quelque chose dans l'œil.	**Mám něco v oku.**	maam gnètso v-okou
J'ai un/une…	**Mám…**	maam
ampoule	**puchýř**	pouкHiirch
blessure	**ránu**	raannou
bleu	**modřinu**	modrchinnou
bosse	**bouli**	bo-ou-li
brûlure	**spáleninu**	sspaalènninnou
coupure	**říznutí**	rchiiznoutyii
écorchure	**odřeninu**	odrchègninnou
enflure	**nátok**	naatok
éruption	**vyrážku**	viraachkou
furoncle	**vřed**	vrchèt
piqûre	**žihadlo**	ji-hadlo
piqûre d'insecte	**štípnutí**	chtyiipnoutyii
Pourriez-vous l'examiner?	**Můžete se na to podívat?**	moûjète ssè nato podyiivat
Je ne peux pas bouger mon/ma/mes…	**Nemůžu hýbat mojí…**	nèmoûjou hiibat mojii
Ça me fait mal.	**To bolí.**	to bolii

Kde to bolí?	Où avez-vous mal?
Jaký je to druh bolesti?	Quel genre de douleur éprouvez-vous?
tupý/ostrý/pulsující trvalá/přijde a odejde	sourde/aiguë/lancinante persistante/intermittente
Je to ...	C'est ...
zlomené/zvrklé vykloubené/natržené	cassé/foulé disloqué/déchiré
Nejlepší to bude rentgenovat.	J'aimerais vous faire passer une radio.
Musíme to dát do sádry.	Il faudra vous plâtrer.
Je to nakažené.	C'est infecté.
Měl(a) jste protitetanovou injekci?	Avez-vous été vacciné contre le tétanos?
Dám vám prášek proti bolesti.	Je vais vous donner un analgésique/anti-douleur.

Maladies *Nemoc*

Je ne me sens pas bien.	**Necítím se dobře.**	nèciityiim ssè dobrchè
Je suis malade.	**Jsem nemocný.**	ssèm nèmotsnii
J'ai des frissons.	**Třesu se.**	trchèssou ssè
J'ai envie de vomir.	**Mně je špatně od žaludku.**	mgnè yè chpatgnè odjaloutkou
J'ai des vertiges.	**Mám závrat'.**	maam zaavraty
J'ai de la fièvre.	**Mám teplotu.**	maam tèplotou
J'ai 38° de fièvre.	**Mám třicet osm stupňů.**	maam trchitsèt ossoum sstoupgnoů
J'ai vomi.	**Zvracel(a) jsem.**	zvratsèl(a) ssèm
Je suis constipé/J'ai la diarrhée.	**Mám zácpu/prů-jem.**	maam zaatspou/proů-yèm

CHIFFRES, voir page 147

J'ai ...	Mám ...	maam
asthme	astma	asstma
crampes	křeče	krchètchè
indigestion	potíže s trávením	potyiijè sstraavègniim
insolation	sluneční úpal	sslounnètchgnii oûpal
mal à l'oreille	bolest v uchu	bolèsst vouкнou
mal au dos	bolavá záda	bolavaa zaada
mal de gorge	bolesti v krku	bolèsstyi fk^{ou}rkou
mal d'estomac	bolesti žaludku	bolèsstyi jaloutkou
mal de tête	bolesti hlavy	bolèsstyi hlavi
palpitations	palpitace	palpitatsè
rhumatismes	revmatismus	rèvmatizmouss
rhume	rýmu	riimou
rhume des foins	senou rýmu	ssèno-ou riimou
saignement de nez	krvácení nosu	k^{ou}rvaatsègnii nossou
torticolis	ztrnulý krk	sst^{ou}rnoulii k^{ou}rk
toux	kašel	kachèl
J'ai du mal à respirer.	Mám potíže s dýcháním.	maam potyiijè zdiiкнaagniim
J'ai des douleurs dans la poitrine.	Mám bolesti v hrudníku.	maam bolèsstyi vhroudgniikou
J'ai eu une crise cardiaque il y a ... ans.	Měl(a) jsem infarkt před ... lety.	myèl(a) ssèm innfarkt prchèd ... lèti
Ma tension est trop élevée/trop basse.	Mám vysoký/nízký krevní tlak.	maam vissokii/gniisskii krèvgnii tlak
Je suis allergique à ...	Jsem alergický na ...	ssèm alèrgitskii na
Je suis diabétique.	Jsem diabetik.	ssèm diabètik

Chez le gynécologue *U gynekologa*

J'ai des règles douloureuses.	Mám bolestivé měsíčky.	maam bolèstyivêê myèssiitchki
J'ai une infection vaginale.	Mám vaginální infekci.	maam vaginnaalgnii innfektsi
Je prends la pilule.	Používám antikoncepční pilulku.	po-oujiivaam anntikonntseptchgnii piloulkou
Je n'ai pas eu mes règles depuis deux mois.	Už dva měsíce nemám měsíčky.	ouj dva myèssiitsè nèmaam myèssiitchki
Je suis enceinte (de 3 mois).	Jsem (tři měsíce) v jiném stavu.	ssèm (trchi myèssiitsè) vyinêêm sstavou

Jak dlouho máte tyto potíže?	Depuis combien de temps éprouvez-vous ces troubles?
Stalo se to poprvé?	Est-ce la première fois que vous en souffrez?
Změřím vám teplotu/krevní tlak.	Je vais prendre votre température/tension.
Vyhrňte si, prosím, rukáv.	Relevez votre manche, s.v.p.
Prosím, vysvlečte se (do pasu).	Déshabillez-vous (jusqu'à la ceinture), s.v.p.
Lehněte si, prosím, tady.	Allongez-vous là, s.v.p.
Otevřete ústa.	Ouvrez la bouche.
Dýchejte z hluboka.	Respirez à fond.
Zakašlete, prosím.	Toussez, s.v.p.
Kde to bolí?	Où avez-vous mal?
Máte...	Vous avez...
zánět slepého střeva	appendicite
zánět močového měchýře	cystite
gastritidu	gastrite
chřipku	grippe
zánět...	inflammation de...
otravu z jídla	intoxication alimentaire
žloutenku	jaunisse
pohlavní chorobu	maladie vénérienne
zápal plic	pneumonie
spalničky	rougeole
To je (není) nakažlivé.	C'est (ce n'est pas) contagieux.
To je alergie.	C'est une allergie.
Dám vám injekci.	Je vais vous faire une piqûre.
Potřebuji ukázku krve/stolice/moči.	Je voudrais un prélèvement de sang/de selles/d'urine.
Musíte zůstat v posteli... dnů.	Vous devez garder le lit pendant... jours.
Doporučím vás ke specialistovi.	Vous devriez consulter un spécialiste.
Pošlu vás do nemocnice na celkovou prohlídku.	J'aimerais que vous alliez à l'hôpital pour un bilan de santé.

Ordonnance—Traitement *Lékařský předpis—Ošetření*

Voici mon médicament habituel.	**Tohle je můj normální lék.**	to-hlè yè moûy normaalgnii lêêk
Pourriez-vous me donner une ordonnance pour ceci?	**Můžete mi dát předpis na tohle?**	moûjètè mi daat prchètpiss nato-hlè
Pouvez-vous me prescrire un/une/ des ...?	**Můžete mi předepsat ...?**	moûjètè mi prchèdèpssat
antidépressif	**prášky proti depresi**	praachki proti dèprèssi
somnifère tranquillisant	**spací prášky sedativum**	sspatsii praachki ssèdativum
Je suis allergique à certains antibiotiques/à la pénicilline.	**Jsem alergický na určitá antibiotika/ penicilín.**	ssèm alèrgitskii na-ourtchitaa anntibiotika/ pènnitsilinn
Je ne veux pas quelque chose de trop fort.	**Nechci nic silného.**	nеКНci gnits ssilnêê-ho
Combien de fois par jour faut-il le prendre?	**Kolikrát denně to mám brát?**	kolikraat dègnè to maam braat
Dois-je les avaler sans les croquer?	**Musím to spolknout celé?**	moussiim to sspolkno-out tsèlêê

Čím se momentálně léčíte?	Quel traitement suivez-vous?
Jaké berete léky?	Quels médicaments prenez-vous?
Jsou to injekce nebo prášky?	En piqûre ou par voie orale?
Berte ... lžičky tohoto léku ...	Prenez ... cuillerées à café de ce médicament ...
Berte jeden prášek se skleničkou vody ...	Prenez un comprimé avec un verre d'eau ...
každé ... hodiny	toutes les ... heures
... krát denně	... fois par jour

Lékař

PHARMACIE, voir page 121

Honoraires *Poplatky*

Combien vous dois-je?	**Kolik jsem vám dlužen?**	kolik ssèm vaam dloujènn
Puis-je avoir un reçu pour mon assurance médicale?	**Můžete mi dát potvrzení pro mou zdravotní pojišťovnu?**	moûjètè mi daat potv^{ou}rzègnii pro mo-ou zdravotgnii poyichtyovno-ou
Puis-je avoir un certificat médical?	**Můžete mi dát zdravotní potvrzení?**	moûjètè mi daat zdravotgnii potv^{ou}rzègnii
Pourriez-vous remplir cette feuille de maladie, s.v.p?	**Mohl[a] byste vyplnit tento formulář pro zdravotní pojištění?**	moh^{ou}l [mo-hla] bisstè vip^{ou}lgnit tènnto formoularch prozdravotgnii poyichtyègni

Hôpital *Nemocnice*

Pourriez-vous prévenir ma famille, s.v.p.?	**Dejte prosím vědět mé rodině.**	dèytè prossiim vyèdyèt mè rodyinnè
Quelles sont les heures de visite?	**Kdy jsou návštěvní hodiny?**	gdi sso-ou naafchtyèvgnii hodyini
Quand pourrai-je me lever?	**Kdy můžu vstát z postele?**	gdi moûjou fsstaat sspostèlè
Quand le médecin doit-il passer?	**Kdy přijde lékař?**	gdi prchiidè léékarch
J'ai mal.	**Mám bolesti.**	maam bolesstyi
Je ne peux pas manger/dormir.	**Nemůžu jíst/spát.**	nèmoûjou yiisst/sspaat
Où est la sonnette?	**Kde je zvonek?**	gdè yè zvonnèk

infirmière	**sestra**	ssèsstra
patient	**pacient**	patsiènnt
anesthésie	**narkóza**	narkauza
transfusion sanguine	**krevní transfuse**	krèvgnii trannsfouzè
piqûre	**injekce**	innyèktsè
opération	**operace**	opèratsè
lit	**postel**	posstèl
bassin	**lůžková mísa**	loûchkovaa miissa
thermomètre	**teploměr**	tèplomyèr

Dentiste *Zubař*

Pouvez-vous me recommander un bon dentiste?	**Můžete mi doporučit dobrého zubaře?**	moûjètè mi doporoutchit dobrêê-ho zubarchè
Puis-je prendre un rendez-vous (urgent) avec le docteur...?	**Můžete mě (rychle) objednat k Dr...?**	moûjètè mgnè (riкнlè) objèdnat k doktor
Ne pourriez-vous pas me prendre plus tôt?	**Není to možné dřív?**	nègnii to mojnêê drchiif
Je me suis cassé une dent.	**Zlomil se mi zub.**	zlomil ssè mi zoup
J'ai mal aux dents.	**Bolí mě zub.**	bolii mgnè zoup
J'ai un abcès.	**Mám hnisavý zánět.**	maam hgnissavii zaagnèt
Cette dent me fait mal.	**Tento zub bolí.**	tènnto zoup bolii
en haut	**nahoře**	nahorchè
en bas	**dole**	dolè
devant	**vepředu**	vèprchèdou
derrière	**vzadu**	vzadou
Pouvez-vous me faire un traitement provisoire?	**Můžete mi dát vložku?**	moûjètè mi daat vlojkou
Je ne veux pas que vous me l'arrachiez.	**Nechci si ho nechat vytrhnout.**	nèкнci ssi ho nèкнat vit°u'rhno-out
Pourriez-vous me faire une anesthésie locale?	**Můžete mi dát sedativ?**	moûjètè mi daat ssèdatif
J'ai perdu un plombage.	**Vypadla mi plomba.**	vipadla mi plomba
Mes gencives...	**Mé dásně...**	mêê daassgnè
me font très mal saignent	**jsou moc bolestivé krvácí**	sso-ou mots bolèsstyivêê k°u'rvaatsii
J'ai cassé mon dentier.	**Zlomil se mi umělý chrup.**	zlomil ssè mi oumyèlii кнroup
Pouvez-vous réparer mon dentier?	**Můžete mi spravit umělý chrup?**	moûjètè mi sspravit oumyèlii кнroup
Quand sera-t-il prêt?	**Kdy to bude hotové?**	gdi to boudè hotovêê

Renseignements divers

D'où venez-vous? *Odkud pocházíte?*

Afrique	**Afrika**	Afrika
Amérique du Nord	**Severní Amerika**	ssèvèèrgnii amèrika
Amérique du Sud	**Jižní Amerika**	yijgnii amèrika
Asie	**Asie**	aziyè
Europe	**Evropa**	èvropa
Afrique du Sud	**Jižní Afrika**	yijgnii afrika
Algérie	**Alžír**	aljiir
Allemagne	**Německo**	nyèmètsko
Angleterre	**Anglie**	anngliyè
Australie	**Austrálie**	aoustraaliyè
Autriche	**Rakousko**	rako-oussko
Belgique	**Belgie**	belgiyè
Canada	**Kanada**	kannada
Chine	**Čína**	tchiinna
Danemark	**Dánsko**	daannssko
Ecosse	**Skotsko**	sskotssko
Espagne	**Španělsko**	chpagnèlssko
Etats-Unis	**Spojené Státy**	sspoyènnêê sstaati
Finlande	**Finsko**	finnssko
France	**Francie**	franntsiyè
Grande-Bretagne	**Velká Británie**	vèlkaa britaanniyè
Grèce	**Řecko**	rchètsko
Inde	**Indie**	inndiyè
Irlande	**Irsko**	irssko
Israël	**Israel**	izraèl
Italie	**Itálie**	itaaliyè
Japon	**Japonsko**	yaponnssko
Maroc	**Maroko**	maroko
Norvège	**Norsko**	norssko
Nouvelle-Zélande	**Nový Zéland**	novii zêêlant
Pays-Bas	**Holandsko**	holanntssko
Pays de Galles	**Wales**	vêêylss
Portugal	**Portugalsko**	portougalssko
Républic Tchèque	**Česká Republica**	tchèsskaa rèpoublitsa
Russie	**Rusko**	roussko
Slovaquie	**Slovensko**	slovègnssko
Suède	**Švédsko**	chvêêtssko
Suisse	**Švýcarsko**	chviitsarssko
Turquie	**Turecko**	tourècko
Ukraine	**Ukrajina**	oukrayinna

Chiffres *Čísla*

0	**nula**	noula
1	**jedna**	yèdna
2	**dvě**	dvyè
3	**tři**	trchi
4	**čtyři**	tchtirchi
5	**pět**	pyèt
6	**šest**	chèsst
7	**sedm**	ssèdoum
8	**osm**	ossoum
9	**devět**	dèvyèt
10	**deset**	dèssèt
11	**jedenáct**	yèdènaatst
12	**dvanáct**	dvanaatst
13	**třináct**	trchinaatst
14	**čtrnáct**	tcht[ou]rnaatst
15	**patnáct**	patnaatst
16	**šestnáct**	chèsstnaatst
17	**sedmnáct**	ssèdoumnaatst
18	**osmnáct**	ossoumnaatst
19	**devatenáct**	dèvatènaatst
20	**dvacet**	dvatsèt
21	**dvacet jedna**	dvatsèt yèdna
22	**dvacet dva**	dvatsèt dva
23	**dvacet tři**	dvatsèt trchi
24	**dvacet čtyři**	dvatsèt tchtirchi
25	**dvacet pět**	dvatsèt pyèt
26	**dvacet šest**	dvatsèt chèsst
27	**dvacet sedm**	dvatsèt ssèdoum
28	**dvacet osm**	dvatsèt ossoum
29	**dvacet devět**	dvatsèt dèvyèt
30	**třicet**	trchitsèt
31	**třicet jedna**	trchitsèt yèdna
32	**třicet dva**	trchitsèt dva
33	**třicet tři**	trchitsèt trchi
40	**čtyřicet**	tchtirchitsèt
41	**čtyřicet jedna**	tchtirchitsèt yèdna
42	**čtyřicet dva**	tchtirchitsèt dva
43	**čtyřicet tři**	tchtirchitsèt trchi
50	**padesát**	padèssaat
51	**padesát jedna**	padèssaat yèdna
52	**padesát dva**	padèssaat dva
53	**padesát tři**	padèssaat trchi
60	**šedesát**	chèdèssaat
61	**šedesát jedna**	chèdèssaat yèdna

62	**šedesát dva**	chèdèssaat dva
63	**šedesát tři**	chèdèssaat trchi
70	**sedmdesát**	ssèdoumdèssaat
71	**sedmdesát jedna**	ssèdoumdèssaat yèdna
72	**sedmdesát dva**	ssèdoumdèssaat dva
73	**sedmdesát tři**	ssèdoumdèssaat trchi
80	**osmdesát**	ossoumdèssaat
81	**osmdesát jedna**	ossoumdèssaat yèdna
82	**osmdesát dva**	ossoumdèssaat dva
83	**osmdesát tři**	ossoumdèssaat trchi
90	**devadesát**	dèvadèssaat
91	**devadesát jedna**	dèvadèssaat yèdna
92	**devadesát dva**	dèvadèssaat dva
93	**devadesát tři**	dèvadèssaat trchi
100	**sto**	ssto
101	**sto jedna**	ssto yèdna
102	**sto dva**	ssto dva
110	**sto deset**	ssto dèssèt
120	**sto dvacet**	ssto dvatsèt
130	**sto třicet**	ssto trchitsèt
140	**sto čtyřicet**	ssto tchtirchitsèt
150	**sto padesát**	ssto padèssaat
160	**sto šedesát**	ssto chèdèssaat
170	**sto sedmdesát**	ssto ssèdoumdessaat
180	**sto osmdesát**	sso ossoumdèssaat
190	**sto devadesát**	ssto dèvadèssaat
200	**dvě stě**	dvyè sstyè
300	**tři sta**	trchissta
400	**čtyři sta**	tchtirchi ssta
500	**pět set**	pyèt ssèt
600	**šest set**	chèsst ssèt
700	**sedm set**	ssèdoum ssèt
800	**osm set**	ossoum ssèt
900	**devět set**	dèvyèt ssèt
1000	**tisíc**	tyissiits
1100	**jedenáct set**	yèdènaatst ssèt
1200	**dvanáct set**	dvanaatst ssèt
2000	**dva tisíce**	dva tyissiitsè
5000	**pět tisíc**	pyèt tyissiits
10.000	**deset tisíc**	dèssèt tyissiits
50.000	**padesát tisíc**	padèssaat tyissiits
100.000	**sto tisíc**	ssto tyissiits
1.000.000	**milión**	mili-aunn
1.000.000.000	**bilión**	bili-aunn

premier	**první**	p^{ou}rvgnii
second	**druhý**	drou-hii
troisième	**třetí**	trchètyii
quatrième	**čtvrtý**	tchtv^{ou}rtii
cinquième	**pátý**	paatii
sixième	**šestý**	chèsstii
septième	**sedmý**	ssèdmii
huitième	**osmý**	ossmii
neuvième	**devátý**	dèvaatii
dixième	**desátý**	dèssaatii
une fois/deux fois	**jednou/dvakrát**	yèdno-ou/dvakraat
trois fois	**třikrát**	trchikraat
une moitié	**půl**	poùl
un/une demi...	**půl...**	poùl
la moitié de...	**půlka...**	poùlka
demi	**poloviční**	polovitchgnii
un quart/un tiers	**čtvrtina/třetina**	tchtv^{ou}rtinna/trchètyinna
une paire de	**pár**	paar
une douzaine	**tucet**	toutsèt
un pour cent	**jedno procento**	yèdno protsènnto
3,4%	**tři celé čtyři**	trchi tsèlêê tchtirchi
	desetiny	dèssètyinni protsennta
	procenta	

Date et époque *Datum a čas*

1981	**devatenáct set**	dèvatènaatst ssèt
	osmdesát jedna	ossoumdèssaat yèdna
1992	**devatenáct set**	dèvatènnaatst ssèt
	devadesát dva	dèvadèssaat dva
2003	**dva tisíce tři**	dva tyissiitsè trchi

Année et âge *Rok a věk*

année	**rok**	rok
année bissextile	**přechodný rok**	prchèкноdnii rok
décennie	**desetiletí**	dèssètyilètyii
siècle	**století**	sstolètyii
cette année	**tento rok**	tènnto rok
l'année dernière	**vloni**	vlogni
l'année prochaine	**příští rok**	prchichtyii rok
chaque année	**každý rok**	kajdii rok
il y a 2 ans	**před dvěma lety**	prchèd dvjema lèti
dans un an	**v jednom roce**	vyèdnom rotsè
dans les années 80	**v osmdesátých**	vossoumdèssaatiiкн lètèкн
	letech	
le XVIème siècle	**šestnácté století**	chèsstnaatстêê sstolètyii
au XXème siècle	**ve dvacátém století**	vèdvacaatêêm sstolètyii

Quel âge avez-vous?	**Kolik je vám let?**	kolik yè vaam lèt
J'ai 30 ans.	**Je mi třicet let.**	yè mi trchitsèt lèt
Il/elle est né(e) en 1960.	**Narodil(a) se v roce devatenáct set šedesát.**	narodyil(a) ssè vrotsè dèvatènaatst ssèt chedesaat
Quel âge a-t-il/elle?	**Jak je starý/stará?**	yak yè starii/staraa
Les enfants de moins de 16 ans ne sont pas admis.	**Dětem do šestnácti let vstup zakázán.**	dyètèm dochèsstnaatsti lèt fsstoup zakaazaan

Saisons *Roční období*

printemps/été	**jaro/léto**	yaro/lêêto
automne/hiver	**podzim/zima**	podzim/zima
au printemps	**na jaře**	nayarchè
pendant l'été	**během léta**	byèhèm lêêta
en automne	**na podzim**	napodzim
pendant l'hiver	**během zimy**	byèhèm zimi
haute saison	**sezóna**	ssèzaunna
basse saison	**mimo sezónu**	mimo ssèzaunnou

Mois *Měsíce*

janvier	**leden**	lèdènn
février	**únor**	oûnor
mars	**březen**	brchèzènn
avril	**duben**	doubènn
mai	**květen**	kvyètènn
juin	**červen**	tchèrvènn
juillet	**červenec**	tchèrvènnèts
août	**srpen**	ss^{ou}rpènn
septembre	**září**	zaarchii
octobre	**říjen**	rchiiyènn
novembre	**listopad**	lisstopat
décembre	**prosinec**	prossinnèts
en septembre	**v září**	vzaarchii
depuis octobre	**od října**	odrchiina
début janvier	**začátek ledna**	zatchaatèk lèdna
mi-février	**uprostřed února**	ouprosstrchèt oûnora
fin mars	**konec března**	konnèts brchèzna

Jours et date *Dny a datum*

Quel jour sommes-nous (aujourd'hui)?	**Co je dnes za den?**	tso yè dnèss zadènn
dimanche	**neděle**	nèdyèlè
lundi	**pondělí**	ponndyèlii
mardi	**úterý**	oûtèrii
mercredi	**středa**	sstrchèda
jeudi	**čtvrtek**	tchtv^{ou}rtèk
vendredi	**pátek**	paatèk
samedi	**sobota**	ssobota

Nous sommes le…	**Je…**	yè
1er juillet	**prvního července**	p^{ou}rvgniiho tchèrvèntsè
10 mars	**desátého března**	dèssaatêêho brchèzna
le matin	**ráno**	raano
pendant la journée	**během dne**	byè-hèm dnè
dans l'après-midi	**odpoledne**	otpolèdnè
le soir	**večer**	vètchèr
la nuit	**v noci**	vnotsi

avant-hier	**předevčírem**	prchèdèftchiirèm
hier	**včera**	ftchèra
aujourd'hui	**dnes**	dnèss
demain	**zítra**	ziitra
après-demain	**pozítří**	poziitrchii
la veille	**den před tím**	dènn prchèt-tyiim
le lendemain	**příští den**	prchiichtyii dènn

il y a 2 jours	**před dvěma dny**	prchèd dvyèma dni
dans 3 jours	**za tři dny**	zatrchi dni
la semaine dernière	**minulý týden**	minnoulii tiidènn
la semaine prochaine	**příští týden**	prchichtyii tiidènn
pendant 15 jours	**na čtrnáct dnů**	natcht^{ou}rnaatst dgnoû

anniversaire	**narozeniny**	narozègninni
jour de congé	**volný den**	volnii dènn
jour de vacances	**prázdniny**	praazdgninni
vacances	**dovolená**	dovolènnaa
semaine	**týden**	tiidènn
week-end	**víkend**	viikennt
jour ouvrable	**pracovní den**	pratsovgnii dènn

Jours fériés *Státni svátek*

Les banques, les bureaux et les magasins sont fermés durant les jours suivautes:

1er janvier	**Nový rok**	Jour de l'an
1er mai	**Svátek práce**	Fête du Travail
9 mai	**Vítězství nad fašismem**	Victoire sur le Fascisme
5 juillet	**Slóvanští věrozvěsti sv. Cyril a Metoděj**	Missionnaires slaves St. Cyril et St. Methodius
28 octobre	**První Československá republika**	Première République tchécoslovaque
24 décembre	**Štědrý den**	Veille de Noël
25-26 décembre	**Svátek vánoční**	Noël/Lendemain de Noël
Fête mobile:	**Velikonoční pondělí**	Lundi de Pâques

Souhaits et vœux *Veřejné prázdniny*

Joyeux Noël!	**Veselé Vánoce!**	vèssèlêê vaanotsè
Bonne année!	**Štastný Nový Rok!**	chtyasstnii novii rok
Joyeuses Pâques!	**Veselé Velikonoce!**	vèssèlêê vèlikonnotsè
Joyeux anniversaire!	**Všechno nejlepší k narozeninám!**	fchèкнno nèylèpchii knarozègninnaam
Meilleurs vœux!	**Všechno nejlepší!**	fchèкнno nèylèpchii
Félicitations!	**Gratuluji!**	gratoulou-yi
Bonne chance!	**Hodně štěstí!**	hodnyè chtyèsstyii
Bon voyage!	**Příjemnou cestu!**	prchiiyèmno-ou tsèsstou
Bonnes vacances!	**Mějte hezkou dovolenou!**	myèytè hèssko-ou dovolènno-ou
Meilleures salutations de la part de...	**Srdečné pozdravy od...**	ss^{ou}rdètchnêê pozdravi od...
Mes amitiés à...	**Pozdravujte prosím...**	pozdravouytè prossiim

Quelle heure est-il? *Kolik je hodin?*

Pardon. Pouvez-vous m'indiquer l'heure, s.v.p.?	**Promiňte, prosím. Můžete mi říct kolik je hodin?**	promignte prossiim. mouïjètè mi rchiitst kolik yè hodiynn
Il est...	**Ted' je...**	tèty yè
une heure cinq	**jedna a pět minut**	yèdna a pyèt minnout
deux heures dix	**dvě a deset minut**	dvyè a dèssèt minnout
trois heures et quart	**čtvrt na čtyři**	tchtv^{ou}rt natchtirchi
quatre heures vingt	**za deset minut půl páté**	zadèssèt minnout poûl paatêê
cinq heures vingt-cinq	**za pět minut půl šesté**	zapyèt minnout poûl chèsstêê
six heures et demie	**půl sedmé**	poûl ssèdmêê
sept heures moins vingt-cinq	**za deset minut tři čtvrtě na sedm**	zadèssèt minnout trchi tchtv^{ou}rtyè nassèd^{ou}m
huit heures moins vingt	**za dvacet minut osm**	zadvatsèt minnout oss^{ou}m
neuf heures moins le quart	**tři čtvrtě na devět**	trchi tchtv^{ou}rtyè nadèvyèt
dix heures moins dix	**za deset minut deset**	zadèssèt minnout dèssèt
onze heures moins cinq	**za pět minut jedenáct**	zapyèt minnout yèdènaatst
midi/minuit	**dvanáct hodin (poledne/půlnoc)**	dvanaatst hodyinn (polèdnè/poûlnots)
du matin	**ráno**	raanno
de l'après-midi	**odpoledne**	otpolèdnè
du soir	**večer**	vètchèr
Le train part à...	**Vlak odjíždí ve...**	vlak odjiijdyii vè
13 h 04	**třináct hodin čtyři minuty**	trchinaatst hodyinn tchtirchi minnouti
0 h 40	**čtyřicet minut po půlnoci**	tchtirchitsèt minnout popoûlnotsi
dans cinq minutes	**za pět minut**	zapyèt minnout
dans un quart d'heure	**za čtvrt hodiny**	zatchtv^{ou}rt hodyinni
il y a une demi-heure	**před půl hodinou**	prchèd poûl hodyinno-ou
dans environ deux heures	**asi za dvě hodiny**	assi zadvyè hodyinni
plus de 10 minutes	**víc než deset minut**	viits nej dèssèt minnout
moins de 30 secondes	**míň než třicet vteřin**	miign nèch trchitsèt ftèrchinn
L'horloge avance/retarde.	**Ty hodiny jdou rychle/pomalu.**	ti hodyinni do-ou riкʜlè/pomalou

CHIFFRES, voir page 147

RENSEIGNEMENTS DIVERS

Všeobecné informace

Abréviations courantes *Běžné zkratky*

atd.	a tak díale	etc.
č/čís	číslo	numéro, no
Čedok	Čedok	agence de tourisme tchécoslovaque
čs	československé	tchécoslovaque
ČSA	Československé aerolinie	compagnie aérienne tchécoslovaque
ČSAD	Československá státní automobilová doprava	compagnie de transports routiers tchécoslovaques
ČSAO	Československé automobilové opravny	société de réparation automobile tchécoslovaque
ČSD	Československé státní dráhy	chemins de fer tchécoslovaque
ČT	Československá televize	télévision tchécoslovaque
dop.	dopoledne	a.m. (du matin)
h	haléř	heller (monnaie tchèque)
h/hod.	hodina	heure
hl.	hlavní	principal; central
j.	jih, jižní	sud
Kčs	koruna československá	couronne tchécoslovaque (monnaie)
nám.	náměstí	square, place
odd.	oddělení	département, section
odp.	odpoledne	p.m.
p.	pan	Monsieur
pí	paní	Madame/Mademoiselle
r.	roku	en l'an
RaJ	Restaurace a jídelny	Restaurants et cafés
s.	sever, severní	nord
SBČ	Státní banka československá	banque d'Etat tchécoslovaque
SK	sportovní klub	club sportif
sl.	slečna	Mademoiselle
str.	strana	page
sv.	svatý/tá	Saint
tj	to jest	c'est-à-dire
tř	třída	Route, Avenue
ul.	ulice	rue
v.	východ, východní	est
vt.	vteřina, vteřin	secondes
z.	západ(ní)	ouest

Panneaux et inscriptions *Nápisy a oznámení*

Čerstvě natřeno	Peinture fraîche
Dámy	Dames
Dolů	En bas
Horký	Chaud
Informace	Renseignements
Kouření zakázáno	Défense de fumer
K pronajmutí	A louer
Muži	Messieurs
Nahoru	En haut
Na prodej	A vendre
Nebezpečí (smrti)	Danger (de mort)
Nedotýkejte se	Ne pas toucher
Nepovolaným vstup zakázán	Les contrevenants seront pour- suivis.
Nerušit	Ne pas déranger
Nouzový východ	Sortie de secours
Obsazeno	Occupé
Otevřeno	Ouvert
Páni	Messieurs
Pokladna	Caisse
Porucha	Hors service
Pozor	Attention
Pozor zlý pes!	Attention au chien
Pronajímání	A louer
Prosím počkejte	Veuillez attendre s.v.p.
Reservováno	Réservé
Soukromá cesta	Route/chemin privé(e)
Studený	Froid
Táhnout	Tirez
Tlačit	Poussez
Volné	Libre
Vstup/Vchod	Entrée
Vstup zakázán	Entrée interdite
Vstup zdarma	Entrée gratuite
Vyprodáno	Stock épuisé
Výprodej	Soldes
Výstup/Východ	Sortie
Výtah	Ascenseur
... zakázáno	... interdit
Zákaz obstrukce vchodu	Laissez l'entrée libre
Zákaz odhazování odpadků	Interdiction de laisser des déchets
Zazvoňte	Sonnez s.v.p.

Urgences *Pohotovost*

Allez vite chercher du secours	**Běžte rychle pro pomoc**	byèchtè riкнlè propomots
Allez-vous-en	**Odejděte**	odèydyètè
Ambassade	**Vyslanectví**	visslannètstvii
Appelez la police	**Zavolejte policii**	zavolèytè politsiyi
Appelez un médecin	**Zavolejte lékaře**	zavolèytè lèèкarchè
Arrêtez cet homme/cette femme	**Chyťte toho člověka/tu paní**	кнitytè to-ho tchlovyèka/tou pagnii
ATTENTION	**DÁVEJTE POZOR**	dávèytè pozor
AU FEU	**POŽÁR**	pojaar
AU SECOURS	**POMOC**	pomots
AU VOLEUR	**CHYŤTE ZLODĚJE**	khitytè zlodyèyè
Consulat	**Konsulární oddělení**	konzoulaargnii odyèlègnii
DANGER	**NEBEZPEČÍ**	nèbèsspètchii
Gaz	**plyn**	plinn
Je me suis égaré(e)	**Zabloudil(a) jsem**	zablo-oudyil(a) ssèm
Je suis malade	**Jsem nemocný (nemocná)**	ssèm nèmotsnii (nèmotsnaa)
Laissez-moi tranquille	**Nechte mne na pokoji**	nèкнtè mnè napoko-yi
Poison	**Jed**	yèt
POLICE	**POLICIE**	politsiyè

Numéros d'urgence *Pohotovostní čísla*

158 Police	150 Pompiers	155 Ambulance

Objets perdus—Vol *Ztráty a nálezy—Loupež*

Où est...?	**Kde je...?**	gdè yè
bureau des objets trouvés	**ztráty a nálezy**	sstraati a naalezi
commissariat de police	**policejní stanice**	politsèygnii sstagnitsè
Je voudrais déclarer un vol.	**Chci oznámit loupež.**	кнci oznaamit lo-oupèch
On m'a volé...	**Někdo mi ukradl...**	gnègdo mi oukrad[ou]l
J'ai perdu...	**Ztratil(a) jsem...**	sstratyil(a) ssèm
mon passeport	**pas**	pass
ma portefeuille	**peněženku**	pègnèjènnkou
mon sac à main	**kabelku**	kabèlkou

ACCIDENTS, voir page 79

Résumé de grammaire

Noms

En tchèque, il n'y a ni articles définis (le, la, les), ni articles indéfinis (un, une, des), mais il y a trois genres: masculin, féminin et neutre. On peut en général déterminer le genre d'un nom par sa terminaison. Voici les terminaisons typiques des 3 genres:

Masculin: la grande majorité des noms se terminant par une consonne:

vlak	train	**muž**	homme	**čaj**	thé

Féminin: la plupart des noms se terminant par **-a** et **-e**; peu se terminant par une consonne:

hlava	tête	**ulice**	rue	**velikost**	taille

Neutre: les noms se terminant par **-o**; et certains par **-e** et **-í**:

město	ville	**pole**	champ	**náměstí**	place

Pluriel: bien qu'il y ait des exceptions, la plupart des noms masculins et féminins se terminent par **-y** ou **-e**; les noms neutres se terminent en général par **-a** ou **-í**:

klíče (m.pl) clés **ponožky** (f.pl) chaussettes **města** (n.pl) villes

Déclinaisons

La terminaison des noms varie selon leur fonction dans la phrase. Il y a six cas différents en tchèque, à la fois pour le singulier et le pluriel.

Le **nominatif** (N)* se rapporte au sujet de la phrase - la personne ou la chose qui fait l'action.

Žena **pracuje.** *La femme* travaille.
Vlak **přijel.** *Le train* est arrivé.

L'**accusatif** (A) dénote le plus souvent l'objet direct d'une action:

psát *knihu* écrire *un livre*
potkat *ženu* rencontrer *une femme*

*Les lettres majuscules désignent le cas.

Le **génitif** (G) désigne la personne à qui l'objet appartient, ou la chose à laquelle on se réfère:

sklenice *vody*	un verre *de vin*
pokoj *ženy*	la chambre *de la femme*

Le **datif** (D) désigne la personne ou l'objet à qui l'on donne ou fait quelque chose:

Dám to *ženě*.	Je le donnerai *à la femme*.
Zaplatil *číšnici*.	Il a donné l'argent *à la serveuse*.

L'**instrumental** (I) répond aux questions «par qui?», «comment?», «de quelle manière?», etc.:

Dopis byl poslán *poštou*.	La lettre a été envoyée *par la poste*.
Píše *perem*.	Il/elle écrit *avec un stylo*.

Le **locatif** (L) est toujours utilisé avec une préposition; les plus communes sont **na**, **v** (sur, dans) et **o** (au sujet de):

Kniha je *na polici*.	Le livre est *sur l'étagère*.
Klíč je *v pokoji*.	La clé est *dans la pièce*.
Píše *o práci*.	Il/elle écrit *au sujet du travail*.

Le **vocatif** (V) sert à interpeler une personne:

Ivane! Ivan!	Miloši! Miloš!	Anno! Anna!

Adjectifs

Les adjectifs s'accordent en genre et en nombre avec le nom qu'ils modifient. Il y a deux types de déclinaisons adjectivales: les adjectifs dont le nominatif singulier se termine (1) par **-ý** (masculin), **-á** (féminin), ou **-é** (neutre); ou (2) par **-í** à tous les genres. Le tableau ci-dessous regroupe les déclinaisons des adjectifs du premier groupe (le plus grand), et des noms.

	Masculin (vieux costume)	Féminin (gentille femme)	Neutre (petite voiture)
sing. N	starý oblek	milá žena	malé auto
A	starý oblek	milou ženu	malé auto
G	starého obleku	milé ženy	malého auta
D	starému obleku	milé ženě	malému autu
I	starým oblekem	milou ženou	malém autem
L	starém obleku	milé ženě	malém autě

plur. N	staré obleky	milé ženy	malá auta
A	staré obleky	milé ženy	malá auta
G	starých obleků	milých žen	malých aut
D	starým oblekům	milým ženám	malým autům
I	starými obleky	milými ženami	malými auty
L	starých oblecích	milých ženách	malých autech

Pronoms personnels

	je	tu	il	elle	il/elle (n.)	nous	vous	ils/elles
N	já	ty	on	ona	ono	my	vy	oni/ony
A	mě	tě/tebe	jeho/ho	ji	je/ho	nás	vás	je
G	mě	tě/tebe	jeho	jí	jeho	nás	vás	jich
D	mně/mi	tobě/ti	jemu/mu	jí	jemu/mu	nám	vám	jim
I	mnou	tebou	jím	jí	jím	námi	vámi	jimi
L	mně	tobě	něm	ní	něm	nás	vás	nich

N.B. Comme en français, le tchèque dispose d'un «tu» (**ty**), et d'un «vous de politesse» (**vy**).

Lorsqu'un pronom personnel est précédé d'une préposition, et ce à tous les cas mis à part le locatif, **j-** devient **n-**; par exemple: **bez ní** (G) sans elle.

Adjectifs possessifs

Ceux-ci s'accordent en genre et en nombre avec le nom qu'ils modifient, et ils se déclinent comme des adjectifs.

		singulier			pluriel	
	masc.	fém.	neut.	masc.	fém.	neut.
mon	můj	má	mé	mé	mé	má
ton	tvůj	tvá	tvé	tvé	tvé	tvá
son/sa (m.)	jeho	jeho	jeho	jeho	jeho	jeho
son/sa (f.)	její	její	její	její	její	její
notre	náš	naše	naše	naše	naše	naše
votre	váš	vaše	vaše	vaše	vaše	vaše
leur	jejich	jejich	jejich	jejich	jejich	jejich

Verbes

La plupart des verbes ont un infinitif en **-t**. Voici quatre verbes très courants au présent:

	dělat (faire)	vidět (voir)	kupovat (acheter)	nést (porter)
já	dělám	vidím	kupuju	nesu
ty	děláš	vidíš	kupuješ	neseš
on/ona/ono	dělá	vidí	kupuje	nese
my	děláme	vidíme	kupujeme	neseme
vy	děláte	vidíte	kupujete	nesete
oni/ony	dělají	vidí	kupují	nesou

...et quelques verbes irréguliers bien utiles:

	jít (aller)	chtít (vouloir)	mít (avoir)	moci (pouvoir)
já	jdu	chci	mám	můžu
ty	jdeš	chceš	máš	můžeš
on/ona/ono	jde	chce	má	může
my	jdeme	chceme	máme	můžeme
vy	jdete	chcete	máte	můžete
oni/ony	jdou	chtějí	mají	můžou

Il y a trois temps en tchèque: le passé, le présent et le futur. Voici les trois temps du verbe **být** (être):

	présent	passé	futur
já	jsem	byl/byla/bylo jsem	budu
ty	jsi	byl/byla/bylo jsi	budeš
on/ona/ono	je	byl/byla/bylo	bude
my	jsme	byli/byly jsme	budeme
vy	jste	byli/byly jste	budete
oni/ony/ona	jsou	byli/byly	budou

N.B. Le pronom sujet (je - **já**, il - **on**, etc.) est généralement omis car la terminaison verbale indique le sujet.

A propos du verbe

Au passé, le verbe s'accorde en genre et en nombre avec le sujet de la proposition; il y a donc un masculin, un féminin et un neutre à la fois au singulier et au pluriel. Pour les verbes réguliers, on enlève le **-t** de l'infinitif et on ajoute **-l** au masculin, **-la** au féminin et **-lo** au neutre. Avec *je*, *nous* et *vous*, on ajoute le présent du verbe **být** (être).

čekat (to wait)	**čekal(a) jsem**	j'ai attendu
	čekal	il a attendu
	čekala	elle a attendu
	čekalo	il/elle (n.) a attendu

Quasiment tous les verbes tchèques se présentent sous deux formes différentes, appelées **aspects**:
— l'aspect imperfectif décrit des actions continues, répétées ou inachevées. Cette forme est toujours utilisée au présent.
— l'aspect perfectif décrit des actions uniques ou achevées.

Chaque verbe possède donc deux infinitifs, un pour chaque aspect. L'infinitif perfectif est généralement formé par l'addition d'un préfixe à l'infinitif imperfectif, ou bien en changeant sa terminaison; par exemple:

écrire: forme imperfective — **psát**
        forme perfective — **napsat**
vendre: forme imperfective — **prodávat**
        forme perfective — **prodat**

Les deux aspects forment le passé de la même manière; par exemple:

psal   il écrivait   **napsal**   il a écrit

N.B. Pour des raisons d'espace, nous ne donnons qu'un seul des deux aspects des verbes dans notre lexique.

Le **futur** est exprimé de deux manières différentes, selon que le verbe est perfectif ou imperfectif:

verbes imperfectifs: prendre le futur du verbe **být** (être) et ajouter l'infinitif du verbe imperfectif

budeš psát   tu seras en train d'écrire

et pour les **verbes perfectifs**, utilisez les terminaisons du présent:

napíšeš   tu écriras

Lexique
et index alphabétique

Français-Tchèque

f féminin	*m* masculin	*nt* neutre	*pl* pluriel

A

à v 15
abbaye opatství *nt* 81
abcès hnisavý zánět *m* 145
abréviation zkratka *f* 154
abricot meruňka *f* 54
accepter přijmout 63; brát 102
accessoires doplňky *pl* 115; příslušenství *nt* 126
accident nehoda *f* 79, 139
achat koupě *f* 131
achats nakupování *nt* 97
acheter koupit 82, 100, 118, 120
action *(titre)* akcie *pl* 131
adaptateur rozdvojka *f* 104
addition účet *m* 62
admis vstup povolen 150
adresse adresa *f* 21, 31, 76, 102
adresse habituelle domácí adresa *f* 31
aéroport letiště *nt* 16, 21, 65
affaires obchod *m* 131
affreux hrozný 84
Afrique Afrika *f* 146
Afrique du Sud Jihoafrická republika *f* 146
âge věk *m* 149
agence de voyages cestovní kancelář *f* 98
agneau jehněčí *nt* 44
agrafe svorka *f* 118
agrandir *(photo)* zvětšit 126
aide pomoc *f* 156
aider pomoci 13, 21, 100
aigu ostrý 140
aiguille jehla *f* 27
ail česnek 52

aimable milý 95
aimer líbit se 112
alcool alkohol *m* 37, 59
alcool, sans nealkoholický 60
alcoolisé alkoholický 59
aliments pour bébé pokrmy pro kojence 124
allée, siège près de sedadlo u uličky *nt* 65
Allemagne Německo *nt* 146
aller jít 77, 85, 96, 160; dostat se 19; *(vêtement)* se hodit 112
aller, s'en odejděte! 156
aller-retour zpáteční lístek *m* 65, 69
aller simple jedním směrem 65, 69
allergique alergický 141, 143
alliance *(bague)* snubní prsten *m* 106
allô haló 135
allumette zápalka *f* 108, 109
alphabet abeceda *f* 9
alpinisme horolezectví *nt* 89
altitude vysoká *f* 85
amande mandle *f* 54
ambassade vyslanectví *nt* 156
ambre jantar *m* 107
ambulance ambulance *f* 79
amer hořký 62
américain americký 108
Amérique du Nord Severní Amerika *f* 146
Amérique du Sud Jižní Amerika *f* 146
améthyste ametyst *m* 107
ami mládenec 93; kamarád *m* 95
amie dívka *f* 93; kamarádka *f* 95

ample *(habits)* volný 114
amplificateur zesilovač *m* 104
ampoule žárovka *f* 29, 75, 104; *(méd.)* puchýř *m* 139
amygdales mandle *pl* 138
analgésique prášek proti bolesti *m* 140
ananas ananas *m* 54
anesthésie narkóza *f* 144; sedativ *m* 145
Angleterre Anglie *f* 146
anguille úhoř *m* 43
animal zvíře *nt* 85
anis anýz *m* 52
année rok *m* 149
année bissextile přestupný rok *m* 149
année dernière vloni 149
anniversaire narozeniny *pl* 151, 152
annuaire seznam *m* 134
annuaire téléphonique telefonní seznam *m* 134
annuler zrušit 65
anorak větrovka *f* 115
antibiotique antibiotikum *nt* 143
antidépressif prášek proti depresi *m* 143
antiquaire starožitnictví *nt* 98
antiquités starožitnosti *pl* 83
août srpen *m* 150
apéritif aperitiv *m* 59
à plus tard uvidíme se později 10
à point *(viande)* středně udělané 45
appareil potřeba *f* 104
appareil électroménagers elektrické spotřebiče *pl* 99
appareil enregisteur magnetofon *m* 104
appareil-photo fotoaparát *m* 125, 126
appareils électriques elektrické potřeby *pl* 104
appareils ménagers potřeby pro domácnost *pl* 105
appartement byt *m* 23
appeler říct 11; zavolat 79, 156
appeler *(tel.)* telefonovat 136
appendicite zánět slepého střeva

m 142
apporter přinést 13, 59
après po 15, 77
après-midi odpoledne *nt* 151, 153
après-rasage, lotion voda po holení *f* 123
arbre strom *m* 85
archéologie archeologie *f* 83
architecte architekt *m* 83
argent *(devise)* peníze *pl* 130
argent *(métal)* stříbro *nt* 106, 107
argenté *(couleur)* stříbrný 112
argenterie stříbrné zboží *pl* 107
arrêt stanice *f* 73
arrêt de bus autobusová zastávka *f* 73; stanice *f*
arrêter, s' zastavit 21, 68, 72
arrière vzadu 75
arrivée příjezd *m* 16; přílet *m* 65
arriver přijet 68, 70, 130; přiletět 65
arrondir zaokrouhlit 63
art umění *nt* 83
artichaut artyčok *m* 50
articulation kloub *m* 138
artificiel umělý 125
artiste umělec *m* 81, 83
ascenseur výtah *m* 28
Asie Asie *f* 146
asperge chřest *m* 50
aspirine acylpyrin *m* 122
assaisonnement koření *nt* 36
asseoir, s' posadit se 95
assez to stačí 14
assiette talíř *m* 36, 61, 105
assurance pojištění *nt* 20, 144
assurance médicale zdravotní pojišťovna *f* 144
assurance tous risques plné pojištění 20
asthme astma *nt* 141
astringent svíravý prostředek *m* 123
à travers skrz 15
attendre čekat 21, 95, 122, 130, 161
attention pozor *m* 155
attention! pozor! 156
attirail de pêche rybářské potřeby *pl* 109
au milieu střední 69

LEXIQUE

au revoir na shledanou 10
au secours! pomoc! 156
au voleur! chyťte zloděje! 156
au-dessous pod 14
au-dessus nad 15, 63
auberge zájezdní hospoda f33; ubytování nt 23
auberge de jeunesse turistická ubytovna f23, 32
aubergine lilek m 51
aucun žádný 15
aujourd'hui dnes 29, 151
aussi také 15
Australie Austrálie f 146
autocar autobus m 72
automatique automatický 20, 107, 125
automne podzim m 150
autoradio autorádio nt 104
autoroute dálnice f76
autostop, faire de l' stopovat 74
autre ještě 59, 120; jiný 74, 101
Autriche Rakousko nt 146
avaler spolknout 143
avancer (montre) jít rychle 153
avant vepředu 75; (temps) před 15
avec s 15
avec filtre s filtrem 108
avion letadlo nt 65
avion, par letecká pošta f133
avocat avokado nt 50
avoir mít 160
avril duben m 150

B

bacon slanina f40
bagage zavazadlo nt 17, 18, 21, 26, 31, 71
bagages, chariot à vozíky na zavazadla f
bague prsten m 106
baignade plavčík m 90
baigner, se plavat 90
bain koupelna f23, 25
bain moussant pěna do koupele f 123
balcon balkón m 23
balcon (théâtre) první balkón m 87
ballet balet m 88

ballon míč m 128
ballon de plage míč na pláž m 128
banane banán m 54, 64
bandage élastique pružný obvaz m 122
banque banka f98, 129, 130
barbe vousy pl 31
barque loďka f91
barre au chocolat čokoláda f64
bas punčocha f115
bas nízký 141; dole 145
bas, en dolů 15
basilic bazalka f52
basket-ball košíková f89
basse saison mimo sezónu 150
bassin (pour le lit) lůžková mísa f 144
bateau loď f74
bateau à vapeur parník m 74
bâtiment budova f81, 83
batiste batist m 113
bâton (ski) hůl f91
batterie baterie f75, 78
beau krásný 14; (temps) hezký 94
beaucoup moc 11, 14
beaucoup (de) hodně 14
beaux arts umění nt 83
bébé miminko nt 24, 124
beige béžový 112
belge belgický 18
Belge Belgičan(ka) m/f93
Belgique Belgie f146
bénéfice zisk m 131
besoin, avoir potřebovat 90, 137
betterave (rouge) červená řepa f 50
beurre máslo nt 37, 40, 64
biberon láhev pro kojence f124
bibliothèque knihovna f81, 98
bicyclette kolo nt 74
bien dobře 10, 92, 140; v pořádku 25
bien cuit (viande) dobře udělané 45
bientôt brzo 15
bière pivo nt 57, 64
bigoudi natáčka f124
bijouterie klenotnictví nt, klenoty 98; klenoty 106
bilan (balance) bilance f131

Slovník

LEXIQUE

bilan de santé lékařská prohlídka f 142

billet jízdenka f, lístek m 89

billet *(banque)* bankovka f 130

biscuit sušenka f 64

blaireau štětka na holení f 123

blanc bílý 58, 112

blanchisserie prádelna f 98; *(service de blanchisserie)* prádelní služba f 24

blessé zraněný 79, 139

blesser zranit 139

blessure rána f 139

bleu modrý 112; *(viande)* na krvavo 45

bloc-notes poznámkový blok m 118

bloqué zaražený 28

bobine *(film)* svitkový film m 125

bœuf hovězí 44

boire pít 35, 36, 37

bois les m 85

boisson nápoj m 39, 57, 59, 60, 61

boisson sans alcool nealkoholický nápoj m 64

boîte krabička f 105

boîte aux lettres poštovní schránka f 132

boîte de nuit noční klub m 88

boîte de peinture vodové barvy pl 118

boîte-repas krabička na jídlo f 105

bombe contre les insectes postřik proti hmyzu m 109

bon dobrý 14, 86, 101

bon marché laciný 14, 101, 125

bonbon bonbón m 108

bonjour *(matin)* dobré ráno 10; *(après-midi)* dobré odpoledne 10

bonne nuit dobrou noc 10

bonnet de bain koupací čepice f 115

bonsoir dobrý večer 10

bosse boule f 139

botanique botanika f 83

botte holinka f 117

bouche ústa pl 138, 142

bouché ucpaný 28

boucherie řeznictví nt 98

boucle (de ceinture) přeska f 116

boucle d'oreille náušnice pl 106

bouger hýbat 139

bougie svíčka f 105

bouilli míchaný 40

bouillon vývar m 41

bouillotte ohřívací láhev f 27

boulangerie pekařství nt 98

boulette knedlík m 49

boulette de foie knedlíček m 41

boulettes de viande čevapčiči pl 44

Bourse bursa f 81

boussole kompas m 109

bouteille láhev f 17, 58

bouton knoflík m 29, 116

bouton de manchette manžetové knoflíky 106

boxe box m 90

bracelet náramek m 106

bracelet de montre řemínek na hodinky m 106

braisé dušený 45

bras paže f 138; ruka f 139

brasserie pivnice f 33

breloque přívěsek m 106

bretelles podvazky pl 115

briquet *(cigarette)* zapalovač m 106, 108

broche *(bijou)* brož f 106

brochet štika f 43

broderie výšivka f 127

brosse kartáč m 124

brosse à cheveux kartáč na vlasy m 124

brosse à dents kartáček na zuby m 104, 123

brosse à ongles kartáček na nehty m 123

brouillard mlha f 94

brûlure spálenina f 139

brushing vyfoukat 30

bruyant hlučný 25

buffet občerstvení nt 67

bureau de change směnárna 18, 67, 129

bureau de poste pošta f 98, 132

bureau de tabac tabák 98, 108

bureau de télégraphe telegrafní

Slovník

LEXIQUE

Slovník

přepážka f 98
bureau des objets trouvés ztráty a nálezy pl 156
bureau des réservations pokladna (pro reservaci) f 19, 67
bus autobus m 18, 19, 65, 72, 80

C

cabine kabina f 74, 91
cabine d'essayage zkušební kabina f 114
cabine de bain plavecká kabina 91
cabine simple jednolůžková kabina f 74
cabine téléphonique telefonní budka f 134
cabinet (de consultation) ordinace f 137
cabinet médical ordinace f 137
cacahuète burský oříšek m 54
cadeau dárek m 17
café kavárna f 33
café (boisson) káva f 40, 61, 64
café noir černá káva f 40, 61
cahier sešit m 118
caille křepelka f 47
caisse pokladna f 103, 155
calculatrice de poche kalkulačka f 118
caleçon spodky pl 115
calendrier kalendář m 118
calme tichý 23, 25; (lac) klidný 90
caméra filmová kamera f 125
caméscope videokamera f 125
campagne venkov m 85
camper stanovat 32
camping stanování, kempink 32
camping, équipement de stanovací potřeby pl 109
Canada Kanada 146
Canadien Kanaďan 93
canard kachna f 47
cannelle skořice f 53
canot à moteur motorový člun m 91
capital kapitál m 131
câpre kapary 52
capuchon d'objectif víčko objektivu 126
carat karát m 106
caravane obytný přívěs m 32
carburateur karburátor m 78
cardigan svetr na zapínání m 115
carnet blok jízdenek m 73
carnet d'adresses adresář m 118
carotte mrkev f 51
carpe kapr m 43
carré čtvercový 101
carrefour křižovatka f 77
carte mapa f 76, 119; karta f 131
carte (restaurant) jídelní lístek m 36, 39
carte à jouer hrací karty pl 118
carte de crédit úvěrová karta f 20, 31, 63, 102, 130
carte des vins vinný lístek m 58
carte postale poste restante 133
carte routière silniční mapa f 118
cartes, jeu de karetní hra f 128
cartouche krabice f 17; kartón m 108
cartouche réfrigérante ledový obal m 109
cascade vodopád m 85
casquette čepice f 115
cassé zlomený 139, 140; nefungovat 104
casser zlomit 139, 145; pokazit 29
casserole pánev f 105
cassette kazeta f 104, 127
cassette vidéo video kazeta f 104, 125, 127
cassis černý rybíz m 54
catacombes katakomby pl 81
catalogue katalog m 82
cathédrale katedrála f 81
catholique katolický 84
caution záloha 20
caviar kaviár m 43
ceci to 11; tohle 101
céder dát 79
céder le passage dát přednost 79
ceinture pásek m 116
cela to 11; tamto 101
céleri celer m 50
célibataire svobodný 93
cellule photoélectrique exposimetr m 126

cendrier popelník *m* 36
cent sto 148
centimètre centimetr *m* 111
centre střed *m* 19, 21, 76; centrum *m* 81
centre commercial nákupní středisko *nt* 98
centre ville střed města *m* 21, 76; centrum *m* 73, 81
céramique keramika *f* 83
céréales corn flakes 40
cerise třešeň *f* 54
certe určitý 143
certificat potvrzení *nt* 144
certificat médical zdravotní potvrzení *nt* 144
ceux-ci/ces tyto 161
ceux-là/ces tamty 158
chaîne řetízek *m* 106
chaise židle *f* 109
chaise longue lehátko *nt* 91, 109
chaise pliante skládací židle *f* 109
chambre pokoj *m* 19, 23, 24, 25, 26, 27
chambre à un lit jednolůžkový pokoj *m* 19, 23
chambre et le petit déjeuner nocleh se snídaní *m* 24
chambre libre volné místo *nt* 23
chambre pour deux personnes dvoulůžkový pokoj *m* 19, 23
champ pole *nt* 85
champ de course dostihová dráha *f* 90
champignon houba *f* 41, 50
chance štěstí *nt* 152
chandail svetr *m* 115
change výměna peněz *f* 18
changer vyměnit 61, 75, 120, 130; *(de train)* přestupovat 68, 73
chanson písnička *f* 128
chanter zpívat 88
chapeau klobouk *m* 115
chapelet růženec *m* 106
chapelle kaple *f* 81
chaque každý 149
charbon dřevěné uhlí *nt* 109
charcuterie studené maso *nt* 64
charcutier lahůdký 98
chargeur kazeta *f* 125

chariot vozík *m* 18, 71
chariot à bagages vozík pro zavazadla *m* 18, 71
chasser střílet 90
châtaigne jedlý kaštan *m* 57
château zámek *m* 81
chaud horký 14, 25, 40; teplý 28, 94
chauffage topení *nt* 28
chauffer přehrát 78; vytápět 90
chaussette ponožka *f* 115
chaussettes (mi-bas) podkolenky *pl* 115
chaussure bota *f* 117
chaussure de ski lyžařská bota *f* 91
chef d'orchestre dirigent *m* 88
chemin pěšina *f* 85
chemin de fer dráha *f* 66
chemise košile *f* 115
chemise de nuit noční košile *f* 115
chemisier halenka *f* 115
chèque šek *m* 130, 131
chèque à ordre osobní šek *m* 130
chèque de voyage cestovní šek *m* 18, 63, 102, 130
cher drahý 14, 39, 101
chercher hledat 13
chevalière pečetní prsten *m* 106
cheveu vlasy *pl* 30, 124
cheville kotník *m* 139
chevreuil *(cuisine)* srnčí *nt* 47
chewing-gum žvýkačka *f* 108
chien pes *m* 155
chiffre číslo *nt* 147
Chine Čína *f* 146
chips brambůrky *pl* 64
chocolat čokoláda *f* 64, 108, 110; *(chaud)* horká 40; kakao 60
chou zelí *nt* 48
chou-fleur květák *m* 51
choux de Bruxelles růžičková kapusta *f* 51
chrome chróm *m* 107
chute, faire une upadnout 139
ciel obloha *f* 94
cigare doutník *m* 108
cigarette cigareta *f* 17, 108
cimetière hřbitov *m* 81
cinéma kino *nt* 86, 96
cinq pět 147

cinquante padesát 147
cinquième pátý 149
cintre ramínko *nt* 27
cirage krém na boty *m* 117
ciseaux nůžky *pl* 123
ciseaux à ongles nůžky na nehty *pl* 123
citron citrón *m* 37, 40, 54, 60
classe affaire *(avion)* business třída 65
classique klasický 128
clé klíč *m* 27
climatisation aklimatizace *f* 24, 28
cochon selátko *nt* 44
cœur srdce *nt* 138
coffre-fort trezor *m* 26
coffret à bijoux šperkovnice *f* 106
cognac koňak *m* 59
coiffeur kadeřnictví *nt* 98; *(messieurs)* holičství *nt* 30, 98
coin roh *m* 21, 36, 77
coincé zaražený 126
col průsmyk *m* 85
col *(vêtement)* límec *m* 116
col en V, à véčko *nt* 116
col rond, à kulatý výstřih *m* 115
col roulé rolák *m* 115
colis balík *m* 133
collants punčocháče *pl* 115
colle lepidlo *nt* 119
collier náhrdelník *m* 106
colline kopec *m* 85
colonne vertébrale páteř *f* 138
coloration tón *m* 124
combien kolik 11, 24
combien de temps jak dlouho 11, 24
combinaison kombiné *nt* 115
comédie komedie *f* 86
comédie musicale muzikál 86
commande objednávka *f* 36, 102
commander objednat si 61, 102, 103
commencer začínat 80, 87, 88
comment jak 11
comment ça va jak se daří 10
commissariat de police policejní stanice *f* 98, 156
commission běžný 154
communication (osobní) hovor *m*

134, 136
communication avec préavis osobní hovor *m* 135
compagnie d'assurance pojišťovna *f* 79
compartiment lůžko *nt* 70
complet vyprodáno 87
comprendre rozumět 12, 16; zahrnovat 24
comprimé prášek *m* 122
compris včetně 20, 32; započítaný 80
compte konto *nt* 130, 131
compte-poses počítač snímků *m* 126
concert koncert *m* 88
concert, salle de koncertní síň *f* 81, 88
concierge vrátný *m* 26
concombre okurka *f* 51
conduire à zavézt 67
confirmation potvrzení 23
confirmer potvrdit 65
confiserie cukrárna *f* 98
confiture džem *m* 40
congé, jour de volný den *m* 151
connaissance, perdre bezvědomí 139
connaître vědět 96; znát 114
conseiller *(recommander)* doporučit 36, 89, 86
consigne úschovna zavazadel *f* 67, 71
consigne automatique úschovna zavazadel *f* 18, 67, 71
constipé zácpa *f* 140
construir postavit 83
consulat konsulát *m* 156
contagieux nakažlivý 142
contraceptif antikoncepční prostředek 122
contrat smlouva *f* 131
contrôle kontrola *f* 16
contrôler zkontrolovat 120; *(bagages)* odbavení 71
copie kopie *f* 126
cor *(au pied)* kuří oko *nt* 122
corail korál 107
corde lano *nt* 109
cordonnerie opravna obuvi *f* 98

cornichon nakládaná okurka *f* 52, 64

corps tělo *nt* 138

correspondance *(transports)* spojení *nt* 65, 68

cosmétiques toaletní potřeby *pl* 123

costume oblek *m* 115

côte žebro *nt* 138

côté strana *f* 30

côté, à vedle 15, 77

côtelette kotleta *f* 44

coton bavlna *f* 113

coton hydrophile vata *f* 122

coton, toile de džínsovina *f* 113

cou krk *m* 138

couche plenka *f* 124

couchette spací vagon *m* 67; lůžko *nt* 69, 70, 71

couleur barva *f* 103, 111, 126

coup de soleil spálený sluncem 121

coupe *(cheveux)* ostříhat 30

coupe-ongles kleště na nehty *pl* 123

couper *(tél.)* přerušit 135

coupure říznutí *nt* 139

courant proud *m* 91

courge dýně *f* 51

courgette zucchini 51

courrier pošta *f* 28, 133

courroie de ventilateur náhonný řemen *m* 75

course automobile automobilové závody *pl* 89

course de chevaux dostihy *pl* 89

court krátký 30, 114

court de tennis tenisový kurt *m* 90

cousin bratranec *m* 93

cousine sestřenice *f* 93

coût cena *f* 131

couteau nůž *m* 36, 61, 105

couteau de poche kapesní nůž *m* 105

coûter stát 11, 133, 136

couvent klášter *m* 81

couvert *(piscine)* krytý 90

couverts příbory *pl* 105, 106

couverture deka *f* 27

crabe krab *m* 43

crampe křeč *f* 141

cravate kravata *f* 115

crayon tužka *f* 119

crayon à sourcils tužka na obočí 123

crayon de couleur pastelka *f* 119

crédit úvěr *m* 130

crème smetana *f* 50; *(fouettée)* šlehačka *f* 55

crème à raser mýdlo na holení *nt* 123

crème antiseptique antiseptický krém *m* 122

crème de nuit noční krém *m* 123

crème hydratante výživný krém *m* 123

crème nettoyante čisticí prostředek *m* 123

crème pour les mains krém na ruce *m* 123

crème pour les pieds krém na chodidlo *m* 123

crème solaire krém na opalování *m* 123

crèmerie mlékárna *f* 98

crêpe krep 113

crêpe palačinka *f* 55

cresson potočnice *f* 52

crevaison píchlá duše *f* 75

crevette mořský krab *m* 43

crise cardiaque infarkt *m* 141

cristal křišťál *m* 107

cristal taillé broušené sklo *nt* 107

croix křížek *m* 106

croque-monsieur obložené chlebíčky 41

cuillère lžíce *f* 36, 61, 105; čajová lžička *f* 143

cuir kůže *f* 113, 117

cuisine *(art culinaire)* kuchyně *f* 35

cuisse stehno *nt* 138

cuit à la vapeur uvařený v páře 44

cuit au four *(rôti)* pečený 44, 45

cuivre měď *f* 107

cumin kmín *m* 52

cure-pipe dýmkový nástroj *m* 108

cyclisme cyklistika *f* 89

cystite zánět močového měchýře *f* 142

D

d'où odkud 93, 146
daim semiš 113, 117
dame dáma f 155
Danemark Dánsko nt 146
danger nebezpečí nt 155, 156
danger, sans bezpečný 91
dangereux nebezpečný 91
dans od, v 15
danser tančit 88, 96
date datum nt 25, 151
datte datle pl 54
de z 15
début začátek m 150
débutant začátečník m 91
décaféiné bez kofeinu 40, 61
décembre prosinec 150
décennie desetiletí nt 149
déchiré natržený 140
déchirer trhat 140
décision rozhodnutí 25, 102
déclarer oznámit 156
déclarer, à (douane) k proclení 17
déclencheur dálková spoušť f 126
décoloration odbarvení nt 30
dedans vevnitř 14
défense de zakázaný 155
degré stupeň m 140
dehors venku 15, 35
déjeuner oběd m 34, 80, 95
délicieux vynikající 63
demain zítra 29, 96, 151
demander chtít 25, 61
démaquillant vatové tlapky na odstranění líčidla 123
démarrer nastartovat 78
demi půl 149
demi-heure půl hodiny 153
demi-pension s večeří a snídaní 24
demi-tarif poloviční cena f 69
dent zub m 145
dentelle krajka f 113
dentier umělý chrup m 145
dentifrice zubní pasta 123
dentiste zubař m 98, 145
déodorant dezodorant m 123
dépanneuse havarijní služba f 78
départ odlet m 65

dépasser předjet 79
dépenses výlohy pl 131
déposer (laisser) nechat 71
dépôt (banque) uložení nt 130
depuis od 15, 150
déranger rušit 155
dernier poslední 14, 68, 73, 149; minulý 151
derrière za 15, 77
descendre (bagages) snést 31
descendre (d'un véhicule) vystoupit 73
déshabiller, se vysvléct se 142
désinfectant desinfekce f 122
désolé(e)! pardon 10; bohužel 87
dessert moučník m 38, 55
dessous pod 15
dessus nahoře 30
deux dva 147
deux fois dvakrát 149
deuxième druhý 149
deuxième classe druhá třída f 69
développement (photo) vyvolání nt 125
déviation objížďka f 79
devis odhadní cena f 78
devoir muset 31, 68, 69, 95, 142; (être redevable) dlužit 144
diabétique diabetik m 37, 141
diamant diamant m 107
diapositif diapositiv m 125
diarrhée průjem m 140
dictionnaire slovník m 119
diesel nafta f 75
difficile složitý 14
difficulté problém m 28
digital digitální 107
dimanche neděle f 151
dinde krůta f 47
dîner večeřet 95
dîner (repas) večeře f 34
dire říct 13, 73, 136
direct přímý 65
directeur ředitel m 26
direction (orientation) směr m 76
discothèque diskotéka f 88, 96
disque disk m 127
disque (film) diskový film m 125
disque compact (CD) kompaktní disk m 127

dissolvant odlakovač *m* 123
distance, à quelle jak daleko 76, 85
divers rozmanitosti *pl* 127
dix deset 147
dix-huit osmnáct 147
dix-neuf devatenáct 147
dix-sept sedmnáct 147
dixième desátý 149
docteur doktor *m* 145
doigt prst *m* 138
donner dát 13, 59, 63, 108, 120, 130, 135
doré zlatý 112
dormir spát 144
dos záda *pl* 138
douane celnice *f* 16, 102
douche sprcha *f* 24, 32
douleur bolest *f* 140, 141
doux *(vin)* sladký 59
douzaine tucet *m* 149
douze dvanáct 147
droguerie drogerie *f* 98
droite, à vpravo 21, 69, 77
droits de douane clo *nt* 17
dur tvrdý 62, 120
dur (œuf) (vejce) na tvrdo 40

E

eau voda *f* 24, 28, 32, 75
eau chaude horká voda *f* 23, 28
eau de toilette kolínská voda *f* 123
eau minérale minerálka *f* 60
eau potable pitná voda *f* 32
écarlate rudý 112
ecchymose modřina *f* 139
échanger vyměnit 103
écharpe šála *f* 115
éclair blesk *m* 94
école škola *f* 79
écorchure odřenina *f* 139
Ecosse Skotsko *nt* 146
écouter poslouchat 128
écouteurs sluchátka *pl* 104
écrire psát 12, 101
écriteau oznámení nápis *nt* 155
édulcorant sladidlo *nt* 37
égaliser *(barbe)* přistřihnout 31
égaré *(perdu)* ztracený 13

église kostel *m* 81, 84
élastomère guma *f* 117
électricité elektřina 32
électrique elektrický 104
électronique elektronický 128
électrophone gramofon *m* 104
élevé *(haut)* vysoký 141
elle ona 159
elles oni 159
émail emajl 107
emballer zabalit 103
embarquer nalodit se 74
émeraude smaragd *m* 107
emplâtre pour cors náplast na kuří oko *f* 122
emporter zabalit 63; vézt 102
en face naproti 77
en haut nahoře 15
en transit projíždět 16
enceinte v jiném stavu 141
encore ještě 15, 16, 24
encre inkoust *m* 119
endive cikorka *f* 51
endroit místo *nt* 76
enfant dítě *nt* 24, 61, 82, 93, 139, 150
enflé nateklý 139
enfler natéct 139
enflure otok *m* 139
enregistrement registrace *f* 25; *(bagages)* odbavení zavazadel *f* 71
enregistrement, présenter pour odbavit 65
ensuite pak 15
entier celý 143
entre mezi 15
entrée vstup *m* 82, 99, 155; nástup *m* 67; *(hors-d'œuvre)* předkrm *m* 38, 41
enveloppe obálka *f* 119
environ asi 153
envoyer poslat 78, 103, 132, 133
envoyer un télex poslat telex 130
épaule rameno *nt* 138
épeler hláskovat 12
épice koření *nt* 52
épicerie potraviny *pl* 99, 110
épinard špenát *m* 51
épingle špendlík *m* 106, 123;

kolíček na prádlo 105
épingle à cheveux pinetka f 124
épingle à cravate jehlice do
kravaty f 106
épingle de sûreté spínací špendlík
m 123
éponge houba f 123
épuisé (marchandises) vyprodáno
103
équipement zařízení nt 91;
potřeby pl 109
équitation jezdectví nt 89
erreur chyba f 31, 62, 102
éruption (méd.) vyrážka f 139
escalier roulant eskalátor m 101
Espagne Španělsko nt 146
espérer doufat 96
essayer (vêtements) zkusit si 114
essence benzin m 75, 78
essence à briquer náplň do
zapalovače f 108
essence ordinaire normál 75
essence sans plomb bezolovnatý
benzín 75
essuie-glace stěrač m 75
est východ m 77
estomac žaludek m 138
estomac, mal d' bolesti žaludku f
141
estragon estragon m 53
et a 15
étage patro nt 27
étagère polička f 110
étain starý cín m 107
étalage vitrina f 100
étanche vodotěsný 107
étang rybník m 85
Etats-Unis Spojené Státy pl 146
été léto nt 150
étendre, s' lehnout si 142
étiquette štítek m 119
étiquette autocollant lepicí štítek
m 119
étoile hvězda f 94
étrange zvláštní 84
être být 160
étroit úzký 117
étroit (habits) těsný 114
étudiant student m 82, 94
étudiante studentka f 94

étudier studovat 94
étui pouzdro nt 120, 126
étui à appareil-photo pouzdro na
fotoaparát nt 126
étui à cigarettes cigarotové
pouzdro nt 106, 108
étui à lunettes pouzdro na brýle nt
120
Eurocheque Eurošek m 130
Europe Evropa f 146
examiner podívat se 139
excuser prominout 10
excusez-moi! promiňte 10
exigence potřeba f 27
exposition výstava f 81
exprès expres 133
expression výraz m 10, 12, 100
externe vnější 122
eye-liner štěteček na malování
obočí 123

F
facile jednoduchý 14
facture faktura f 131
faim, avoir mít hlad 13, 35
faire udělat 131, 160
faire arracher trhat 145
faire payer platit 24
faisan bažant m 47
fait main ruční práce f 113
falaise skála f 85
falloir muset 77, 95, 140
famille rodina f 93, 144
fantaisie vzor m 112
fard à joue růž 123
fard à paupières barva na víčka
123
farine mouka f 37
fatigué unavený 13
faux špatný 14, 135
favoris licousy pl 31
félicitation gratuluji 152
femme (épouse) manželka f 93
femme de chambre pokojská f 26
fenêtre okno nt 28, 36, 65, 69
fer à repasser žehlička f 104
ferme statek m 85
fermé zavřený 14
fermer zavírat 11, 82, 121, 132

fermeture éclair zip m 116
ferry převoz m 74
feu požár m 156
feu *(roue)* semafor m 77
feuille formulář m 144
feuille de maladie formulář pro zdravotní pojištění m 144
feutre plsť f 113
février únor m 150
fiançailles, bague de zásnubní prsten m 106
ficelle provázek m 119
fiche (d'enregistrement) registrační formulář m 25, 26
fièvre teplota f 140
figue fík 54
fille dcera f 93
fille(tte) dívka f 111; holčička 128
film film m 86
fils syn 93
filtre filtr m 126
fin konec m 150
fin de semaine víkend m 151
Finlande Finsko nt 146
fixatif tužidlo nt 30, 124
flanelle flanel 113
flash blesk m 126
fleur květina f 85
fleuriste květinářství nt 99
foie játra pl 138
foire pouť f 81
fois *(une fois)* jednou 149
foncé tmavý 101, 111, 112
fond de teint podkladový krém m 123
fontaine fontána f 81
football fotbal m 89
forêt les m 85
forme tvar m 103
formidable obrovský 84
formulaire formulář m 133
fort silný 143; hlasitý 135
forteresse pevnost f 81
foulé vyvrtnutý 140
fourchette vidlička f 36, 61, 105
fourreur kožešnictví nt 99
frais čerstvý 62
fraise jahoda f 54
framboise malina f 54

français francouzský 11, 16, 80, 84, 108, 119
Français(e) Francouz(ka) 93
France Francie f 146
frange ofina f 30
frapper zaklepat 155
freins brzda f 78
frère bratr m 93
frisson třást se 140
frit smažený 44, 45
frites *(pommes)* hranolky pl 48
froid studený 14, 25, 39, 62, 155; zimý 94
froissable nemačkavý 114
fromage sýr m 53, 64
fruit ovoce nt 54
fruits de mer korýše pl 39
fruits et légumes, marchand de zelenina f 99
fuir kapat 28
fumé uzený 45
fume-cigarette cigaretová špička f 108
fumer zapálit 95; kouřit 155
fumeurs kuřák m 70
furoncle vřed 139

G

gabardine gabardén 113
gaine-culotte podvazkový pás m 115
galerie (umělecká) galerie f 81, 99
gant rukavice f 115
garage garáž f 26, 78
garçon chlapec m 111, 128
garçon *(serveur)* pane vrchní 36
garde d'enfants hlídání dětí nt 27
garder nechat 63
garder le lit rester 142
gare nádraží nt 19, 21, 67; stanice f 70
garer zaparkovat 26, 77
gargarisme ústní výplach m 122
gastrite gastritida f 142
gâteau dort m 37, 56, 63
gâteau roulé piškot m 56
gauche levý 21, 69, 77
gaz plyn m 32, 156

gaz butane propan-butan *m* 109;
kempinkový plyn 32

gaze *(pansement)* gáza *f* 122

gazeux šumivý 60

gel pour cheveux tužidlo na vlasy
124

gelée mráz *m* 94

gencive dáseň *pl* 145

général základní 27; všeobecný
100, 137

généraliste *(médecin)* rodinný
lékař *m* 137

géologie geologie *f* 83

genou koleno 138

genre druh *m* 140

géologie geologie *f* 83

gibier zvěřina *f* 39, 47

gilet tílko *nt* 115; *(hommes)* vesta *f*
115

gilet de sauvetage záchranný pás
m 74

gin gin *m* 59

gin-tonic gin s tonikem 59

gingembre zázvor *m* 53

glace náledí *nt* 94; *(dessert)*
zmrzlina *f* 39, 56

glacière cestovní lednička *f* 109

glaçon ledové kostky *pl* 27

glande žláza *f* 138

glissière du flash připevnění
blesku *nt* 126

golf, terrain de golfové hřiště 90

gomme korekční barva *f* 119

gorge hrdlo *nt* 138; krk *m* 141

gorge, mal de bolesti v krku 141

goulash guláš *m* 46

gourde láhev na vodu *f* 109

gourmette řetízkový náramek 106

goutte kapka *f* 122

gouttes pour le nez kapky do nosu
pl 122

gouttes pour les oreilles kapky do
uší *pl* 122

gouttes pour les yeux kapky do
očí *pl* 122

graisse tuk *m* 37

grammaire gramatika *f* 119;
mluvnice *nt* 157

gramme gram *m* 110

grand velký 14, 20, 101

grand-angle, objectif širokoúhlý

objektiv *m* 126

grand lit dvojitá postel *f* 23

grand teint stálobarevný 114

grande tasse hrnek *m* 105

Grande-Bretagne Velká Británie *f*
146

gras mastný 30, 124

gratuit zdarný 82

Grèce Řecko *nt* 146

grillé grilovaný 44, 45

griller *(ampoule)* prasknout 29

grippe chřipka *f* 142

gris šedý 112

gros velký 130

groseille à maquereau angrešt *m*
54

grotte jeskyně *f* 81

groupe skupina *f* 82

guichet pokladna *f* 67

guide (de voyage) průvodce *m* 82,
118, 119

guide des hôtels seznam hotelů *m*
19

gynécologue gynekolog *m* 137,
141

H

habillement oděvy 111

habituellement normálně 143

hamac houpací síť' *f* 109

handicapé tělesně postižený 82

hareng sleď' 43

haricot fazole *f* 51

haricot vert zelené fazolky *pl* 51

haut, en nahoru 15; nahoře 145

haut-parleur reproduktor *m* 104

haute saison hlavní sezóna *f* 150

hélicoptère helikoptéra *f* 74

heure hodina *f* 80, 143, 153

heure, à l' na čas 68

heures de visite návštěvní hodiny
pl 144

heureux šť'astný 152

hier včera 151

histoire historie *f* 83

histoire naturelle přírodověda *f* 83

hiver zima *f* 150

homard humr *m* 43

honoraires poplatek *m* 144

hôpital nemocnice f 99, 142, 144
horaire jízdní řád m 68
horloge hodiny pl 153
horlogerie hodinářství nt 99
hors service nefunguje 136
hors-d'œuvre předkrm m 41
hôtel hotel m 19, 21, 22, 26, 80, 96, 102
hôtel de ville radnice f 81
houppette labutěnka f 123
huile olej m 37, 75, 123
huile solaire olej na opalování m 123
huit osm 147
huitième osmý 149
huître ústřice f 43
hydrofoil křídlový člun m 74
hypothèque hypotéka f 131

I
ici, près d' blízko 77
il on 159
il y a před 149, 151
imperméable nepromokavý kabát m 115
important důležitý 13
importé z dovozu 113
impressionnant impozantní 84
Inde Indie f 146
indicatif (tél.) volací kód m 134
indigestion žaludeční nevolnost f 121; potíže s trávením 141
indiquer ukázat 12; říct 153
infecté zanícený 140
infection infekce f 141
infection vaginale vaginální infekce f 141
inférieur spodní 69
infirmière sestra f 144
inflammation zánět m 142
inflation inflace f 131
inox nerez 105, 107
insectes, crème contre les postřik proti hmyzu m 122
insolation úpal m 141
instant moment m 12
institut de beauté salón krásy 99
intéressant zajímavý 84
intéresser, s' mít zájem 83, 96

intérêt (banque) úrok m 131
international mezinárodní 132
interne (tél.) linka nt 135
interprète tlumočník m 131
interrupteur vypínač m 29
intestin střeva pl 138
intoxication otrava f 142
intoxication alimentaire otrava z jídla 142
invertissement investice f 131
invitation pozvání nt 95
inviter pozvat 95
iode jód m 122
Irlande Irsko nt 146
irrité (douloureux) bolestivý 145
Israël Israel m 146
Italie Itálie f 146
ivoire slonovina f 107

J
jade nefrit m 107
jamais nikdy 15
jambe noha f 138
jambon šunka f 40, 63
janvier leden m 150
Japon Japonsko nt 146
jardin (public) zahrada f 85
jardin botanique botanická zahrada 81
jaune žlutý 112
jaunisse žloutenka f 142
jazz džez m 128
je já 159
jeans džínsy pl 115
jeu hra f 128
jeu d'échecs šachy pl 128
jeu de cartes karetní hra f 128
jeu de construction stavební kostky pl 128
jeudi čtvrtek m 151
jeune mladý 14
jeux pour enfants dětské hřiště nt 32
joli hezký 84
jouer hrát 86, 94
jouet hračka f 128
jour den m 20, 24, 32, 80, 151
jour de congé volný den m 152
jour de l'an Nový rok m 152

jour de semaine den v týdnu *m* 151

jour de vacances prázdniny 151

jour férié státní svátek *m* 152

jour ouvrable pracovní den *m* 151

journal noviny *pl* 119

journée den *m* 94

joyeux veselý 152

juillet červenec *m* 150

juin červen *m* 150

jumelles triedr *m* 120

jupe sukně *f* 116

jus šťáva *f* 37, 40, 60

jus d'orange pomerančová šťáva *f* 40, 60

jus de fruits ovocná šťáva *f* 40, 60

jus de pamplemousse grapefruitová šťáva *f* 40, 60

jus de pomme jablečná šťáva 60

jus de tomate rajská šťáva *f* 60

jusqu'à až do 15

juste správný 14

K

kilo(gramme) kilo *nt* 110

kilométrage poplatek za kilometr *m* 20

kilomètre kilometr *m* 20, 79

kiosque à journaux novinový stánek *m* 19, 67, 99, 118

koruna koruna *f* 19, 102, 129, 130

L

là tam 13

la nuit v noci 151

la prochaine fois příště 95

lac jezero *nt* 81, 85, 90

lacet tkanička *f* 117

laid ošklivý 14, 84

laine vlna *f* 113

laisser uložit 26

lait mléko *nt* 40, 60, 64

laitue salát *m* 51

lame žiletka *f* 123

lame de rasoir žiletky *pl* 123

lampe lampa *f* 29, 109, 104

lampe de chevet noční lampa *f* 27

lampe de poche baterka *f* 109

langue jazyk *m* 138

lanterne lucerna *f* 109

lapin králík *m* 44

laque *(cheveux)* lak na vlasy *m* 124

large široký 117

laurier bobkový list *m* 52

lavabo umyvadlo *nt* 28

laver vyprat 29, 114

laver à la machine na praní v pračce 114

laver à la main na praní v ruce 114

laverie automatique samoobslužná prádelna 99

laxatif projímadlo *nt* 122

le, la voir GRAMMAIRE 157

leçon hodina *f* 91

léçons de ski hodiny lyžování *pl* 91

léger lehký 14, 55, 101, 128

légume zelenina *f* 39, 50

lentement pomaleji 11

lente pomalý 14, 135

lentille čočka *f* 120

lentille *(légume)* čočka *f* 51

lessive prášek na praní *m* 105

lessive, poudre à prát 29

lettre dopis *m* 132

leur jejich 159

lever, se vstát 144

levier d'avancement přetáčení filmu *nt* 126

lèvre ret *m* 138

librairie knihkupectví *nt* 99, 115

libre volný 14, 80, 96, 155

lieu de naissance místo narození *nt* 25

lieu de résidence trvalé bydliště *nt* 25

lièvre zajíc 47

ligne linka *f* 72

lime à ongles pilníček na nehty 123

limonade limonáda *f* 60

lin plátno *nt* 113

linge prádelna *f* 29

liqueur likér *m* 59

liquide roztok *m* 120

liquide des freins brzdová kapalina *f* 75

Slovník

liquide-vaisselle saponát 105
lit postel f 24, 29, 142, 144
lit de camp polní lůžko nt 109
lits jumeaux dvojitá postel f 23
litre litr m 75, 110
livraison doručení 102
livre kniha f 12
livre de poche spínátko nt 119
livrer dodat 102
location půjčovna f 20
location de voiture půjčovna aut 20
loger ubytovat se 93
loin daleko 11, 14, 100
long dlouhý 114
lotion après-rasage voda po holení f 123
lotion capillaire vlasová voda f 124
louer pronajmout 19, 20, 74, 90, 91, 155; si půjčit 104
lourd těžký 14, 101
lumière světlo nt 28
lumière du jour denní světlo nt 125
lumière naturelle umělé světlo nt 125
lundi pondělí nt 151
lune měsíc m 94
lunettes brýle pl 120
lunettes de soleil sluneční brýle pl 120
luxé vykloubený 140

M

machine à écrire psací stroj m 27
mâchoire čelist f 138
Madame paní f 10
Mademoiselle slečna f 10
mademoiselle (serveuse) slečna f 36
magasin obchod m 98, obchodní dům m 98
magasin d'articles de sport sportovní potřeby pl 99
magasin de chaussures obuv f 99
magasin de jouets hračkářství nt 99
magasin de photos obchod s

fotoaparáty 99
magasin de souvenirs suvenýry pl 99
magasin hors-taxe obchod bez cla 19
magazine časopis m 119
magnétophone à cassettes magnetofon m 104
magnétoscope video přehrávač m 104
magnifique překrásný 84
mai květen m 150
maillet palice f 109
maillot de bain plavky pl 115
maillot de corps nátělník f 115
main ruka f 138
maintenant teď 15
mais ale 15
maison dům m 83
maître d'hôtel pan vrchní m 62
mal à l'oreille bolest v uchu 141
mal à respirer potíže s dýcháním 141
mal au dos bolavá záda f 141
mal aux dents bolest zubu f 145
mal de tête bolest hlavy f 141
mal du voyage nemoc z cestování f 121
mal, avoir bolet 139, 140, 142, 145; uhodit se 139
malade nemocný 140
maladie nemoc f 140
maladie vénérienne pohlavní nemoc f 142
manche rukáv m 116, 142
mandat (postal) peněžní poukázka f 133
manger jíst 36, 37, 144
manquer chybět 18, 29, 61
manteau kabát m 115
manucure manikúra f 30
marchand de fruits zelinářství nt 99
marchand de vin prodej vína m 99
marché trh m 81, 99
marcher jít (pěšky) 74
marcher (fonctionner) fungovat 28; používat 104
mardi úterý nt 151
mari manžel m 93

marié(e) ženatý/vdaná 93
marjolaine majoránka 52
marmelade marmeláda f 40
marron kaštan m 54; *(couleur)* hnědý 112
mars březen m 150
marteau kladivo nt 105
mat matný 126
match *(sport)* zápas m 90
matelas matrace f 109
matelas en mousse gumová matrace f 109
matelas pneumatique nafukovací matrace f 109
matériel de ski lyžařské potřeby pl 91
matin ráno nt 151, 153
matinée *(spectacle)* odpolední představení nt 87
mauvais špatný 14, 77, 95
mécanicien mechanik m 78
mécontent nespokojený 103
médecin lékař m 79, 137, 144
médicament lék m 143
melon meloun m 54
même ten samý 117
menthe máta peprná f 52
mentholé mentolový 108
menu jídlo nt 38
menu (à prix fixe) standardní menu 36
mer moře nt 85
merci děkuji 10, 96
mercredi středa f 151
mère matka f 93
merveilleux krásný 96
message zpráva f 28, 136
messe bohoslužba f 84
messieurs páni pl 155
mesures, prendre des měřit 114
mètre metr m 111
métro metro nt 72
mettre dát 24
mettre à la poste poštovné nt 132
mettre en scène režisér m 86
mi- uprostřed 150
miel med m 40
mieux lepší 14, 25, 101

mille tisíc 148
milliard bilión m 148
million milión m 148
minuit půlnoc f 153
minute minuta f 21, 69, 153
miroir zrcadlo nt 114, 120
mise en plis natočit 30
mobilier nábytek m 83
mocassin mokasiny pl 117
moi-même já sám 110
moins méně 14
moins, au nejméně 24
mois měsíc m 16, 150
mollet vajíčko na měkko 40
moment moment m 136
mon, ma můj 159
monastère klášter m 81
monnaie drobné pl 63, 77, 129
Monsieur pan m 10
montagne hora f 85
montant tyč f 109
montant de tente stanová tyč f 109
montre hodinky pl 106, 107
montre de gousset kapesní hodinky pl 107
montre-bracelet náramkové hodinky pl 107
monture *(lunettes)* obroučky pl 120
monument pomník m 81
morceau kousek m 63, 110
mosquée mešita f 84
mot slovo nt 12, 15, 133
motel motel m 22
moteur motor m 78
motocyclette motocykl m 74
mouchoir kapesník m 115
mouchoir en papier papírový kapesník m 115; ubrousek m 123
mousseline šifon m 113
mousseux *(vin)* šumivé 59
moustache knír m 31
moustiquaire síť proti komárům f 109
moutarde hořčice f 52, 64
moyen pokročilý 91
moyen *(taille)* středně velký 20
mur zeď f 85

muscle sval *m* 138
musée muzeum *nt* 81
musique hudba *f* 83, 128
musique de chambre music
komorní hudba *f* 128
musique folklorique lidová hudba
f 128
myope krátkozraký 120
myrtille borůvka *f* 54

N

naissance narození *nt* 25
natation plavání *nt* 89
nationalité národnost *f* 25, 93
naturel přírodní 83
nausée špatně od žaludku 140
navet tuřín *m* 51
ne ... pas ne 15, 161
ne quittez pas čekejte! 136
né narozený 150
négatif negativy *pl* 125, 126
neige sníh *m* 94
neiger sněžit 94
nerf nerv *m* 138
nettoyer vyčistit 26; umýt 76
neuf devět 147
neuf *(nouveau)* nový 14
neuvième devátý 149
neveu synovec *m* 93
nez nos *m* 138
nièce neteř *f* 93
Noël Vánoce *pl* 152
nœud papillon motýlek *m* 115
noir černý 112
noir et blanc *(photo)* černobílý
125, 126
noisette lískový ořech *m* 54
noix vlašský ořech *m* 54
noix de coco kokos *m* 54
nom jméno *nt* 25; *(de famille)*
příjmení *nt* 25
non ne 10
non-fumeur nekuřák *m* 70
nord sever *m* 77
normal normální 30
Norwège Norsko *nt* 146
note *(restaurant)* účet *m* 28, 31,
102

notifier dát vědět 144
notre náš 159
nouilles těstoviny *pl* 49
nourriture jídlo *nt* 62
nous my 159
Nouvelle-Zélande Nový Zéland *m*
146
novembre listopad *m* 150
nuage mrak *m* 94
nuancier *(coiffeur)* ukázky barvy
30
nuit noc *f* 10, 151
numéro číslo *nt* 26, 65, 135, 136
numéro de chambre číslo pokoje
nt 26
numéro de téléphone telefonní
číslo *nt* 135, 136, 156
numismatique mince *f* 83
nuque krk *m* 30

O

objectif *(photo)* objektiv *m* 126
objectif grand-angle širokoúhlý
objektiv *m* 126
objets trouvés, bureau des ztráty
a nálezy 67, 156
obscurateur *(photo)* spoušť *f* 126
occupé obsazený 70, 155; *(tél.)*
136
octobre říjen *m* 150
oculiste oční specialista *m* 137
œil oko *nt* 138, 139
œuf vajíčko *nt* 40, 64
œuf à la coque vařené vajíčko 40
œuf sur le plat smažené vejce *nt*
40
œufs au bacon slanina s vajíčkem
40
œufs brouillés míchaná vejce *pl*
40
office du tourisme turistická
informace *f* 80
oie husa *f* 47
oignon cibule *f* 51
oiseau pták 85
omnibus lokálka *f* 67, 69; osobní
vlak *m* 67
oncle strýc *m* 93
ongle nehet *m* 123

onyx onyx 107
onze jedenáct 147
opéra opera f 88
opéra (salle) operní divadlo nt 81, 88
opérateur telefonní ústředna f 134
opération operace f 144
opérette opereta f 88
opticien optik m 99, 120
or zlato nt 106, 107
orage bouřka f 94
orange oranžový 112
orange pomeranč m 54, 64
orangeade oranžáda 60
orchestre orchestr m 88
ordonnance předpis m 121, 143
oreille ucho nt 138
oreiller polštář m 27
organes génitaux přirození nt 138
origan oregano nt 52
ornithologie ornitologie f 83
orteil prst na noze m 138
os kost f 138
ou nebo 15
où kde 11
oublier zapomenout 62
ouest západ m 77
oui ano 10
outil moc 14
outils nářadí pl 105
ouvert otevřený 14, 82, 155
ouvre-bouteilles otvírač na lahve m 105
ouvrir otevřít 11, 17, 82, 121, 130, 132, 142
ovale oválný 101

P

paiement splátka f 131; placení nt 102
pain chléb m 37, 64, 110
pain au lait koláč m 55
paire pár m 116, 149
palais palác m 81
palais de justice soud m 81
palpitations palpitace pl 141
pamplemousse grapefruit m 54
panier de pique-nique košík na piknik m 109

panne porucha 78
panne, tomber en pokazit se 78
panneau značka f 79; nápis m 155
panneau routier dopravní značka f 79
pansement obvaz m 122
pantalon kalhoty pl 115
papeterie papírnictví nt 99, 118
papier papír m 119
papier à dessin kreslicí papír m 119
papier à lettres dopisní papíry pl 27; poznámkový papír 119
papier à machine papír do psacího stroje m 119
papier carbone kopírovací papír m 119
papier hygiénique toaletní papír m 124
Pâques velikonoce pl 152
paquet balík m 132, 133
paquet (cigarettes) krabička f 108
par exprès expres 133
par heure za hodinu 77, 90
par jour na/za den 20, 24, 32, 90
par personne za osobu 32
par semaine za týden 20, 24
parapluie deštník m 115
parasol slunečník m 91
parc park m 81
parcmètre parkovací hodiny pl 77
pardon promiňte 153
pare-brise přední sklo nt 76
parents rodiče pl 93
parfum parfém m 124
parlement budova parlamentu f 81
parler mluvit 11, 16, 84, 135
parterre (théâtre) přízemí nt 87
partie část f 138
partie (sport) kolo nt 90
partir odjít 31; jít 68
passeport pas m 16, 17, 25, 26, 156
pasteur kněz m 84
pastille pour la gorge pastilka f 122
pastilles contre la toux něco proti kašli 122
pâtes nudle pl 49

patient(e) pacient m 144
patin brusle f 91
patin à roulettes kolečková brusle f 128
patinoire kluziště nt 91
pâtisserie cukrárna f 55, 99
payer platit 17, 31, 62, 102, 136
pays země f 93
Pays de Gaulles Wales m 146
Pays-Bas Holandsko nt 146
peau kůže f 138
pêche broskev f 54
pêcher lovit ryby 90
pédiatre dětský lékař m 137
peigne hřeben m 124
peigné česaná příze f 113
peignoir (de bain) koupací plášť m 115
peindre malovat 83
peintre malíř m 83
peinture malířství nt 83
pelle lopatka f 128
pellicule film m 125, 126
pendant na 15, 151
pendentif (bijou) přívěsek m 107
pendule hodiny pl 107
pénicilline penicilín m 143
penser myslet si 31
pension (de famille) pensión m 22, 23
pension complète se všemi jídly 24
pension, demi- s večeří a snídaní 24
perche okoun m 43
perdre ztratit 120, 156
perdrix koroptev f 47
père otec m 93
perle perla f 107
permanente trvalá f 30
permis (de pêche) povolení nt 90
permis de conduire řidičský průkaz m 20, 79
permis de stationnement parkovací lístek m 77
perruque paruka f 124
persil petržel f 53
personnel osobní 17
personnel (hôtelier) zaměstnanci pl 26

perte ztráta f 131
petit malý 14, 20, 25, 101, 130
petit déjeuner snídaně f 24, 27, 34, 40
petit pain rohlík m 40; houska f 64
petit pois hrášek m 51
pétrole petrolej m 109
peu (de) málo 14
peu, un trochu 14
peut-être možná 15
pharmacie lékárna f 99, 121
photo d'identité fotografie na pas f 125
photocopie fotokopie f 131
photographe fotograf m 99
photographie fotografování nt 125
photos, prendre des fotografovat 82
phrase věta f 12
pic vrchol m 85
pièce (théâtre) hra f 86
pied chodidlo nt 138
pied, à pěšky 76
pierre précieuse drahokam m 107
piétonne, zone pěší zóna f 79
pigeon holub m 47
pile baterie f 110, 106, 126
pilule pilulka f 141
pince à cheveux sponka f 124
pince à cravate přeska do kravaty f 107
pince à épiler pinseta f 124
pintade perlička f 47
pipe dýmka f 108
pique-nique piknik m 63
piquer štípnout 139
piquet kolík m 109
piquet de tente stanový kolík m 109
piqûre injekce f 142, 143, 144; žihadlo nt 139
piqûre d'insecte štípnutí 139
pire horší 14
piscine koupaliště nt 32, 90
piste de ski sjezdovka f 91
place místo nt 32, 70, 87; (publique) náměstí nt 81
place, à la místo 37
placer objednat 135

plage pláž f 90

plaire, se líbit se 25, 92, 102

plan de ville mapa města f 19, 118

planche à voile windsurfer m 91

planétarium planetárium nt 81

plaqué argent postříbřený 107

plaqué or pozlacený 107

plastique z umělé hmoty 105

plat bez podpatku 117

plat (mets) jídlo nt 37, 39

platine platina f 107

plâtre sádra f 140

plein plný 14

pleuvoir pršet 94

plomb olovo m 75

plomb, sans bezolovnatý 75

plombage plomba f 145

plongée sous-marine potápění nt 91

pluie déšť m 94

plus víc 14

plus tard později 135

pneu pneumatika f 75

pneu à plat, avoir píchnout m 78

pneumonie zápal plic m 142

poche kapsa f 116

poché ztracený 40

poêle à frire pánev na smažení f 105

poil de chameau velbloudí srst 113

point, à (viande) středně udělané 45

pointure číslo nt 117

poire hruška f 54

poireau pórek m 51

poison jed m 122, 156

poisson ryba f 43

poissonnerie rybárna f 99

poitrine hrudník m 138, 141

poivre pepř m 37, 40, 53, 64

police policie f 79, 156

pomme jablko nt 54, 64, 110

pomme de terre brambor m 50

pompe pumpa f 109

pont most m 85; (bateau) paluba f 74

popeline popelín m 113

porc vepřové f 44

porcelaine porcelán m 127

port přístav m 74, 81

portatif přenosný 104

porte-mine propisovací tužka f 107, 119

portefeuille peněženka f 156

porter nést 21

porteur nosič m 18, 71

portier nosič m 26

portion porce f 37, 55, 61

Portugal Portugalsko nt 146

pose (photos) snímek m 125

possible co nejdřív 137

poste restante Poste Restante 133

poster poslat poštou 28

pot sklenička f 110

pot d'échappement výfuk m 78

potage polévka f 41

poterie hrnčířství nt 83

pouce palec m 138

poudre pudr m 124

poudrier pudřenka f 107

poulet kuře nt 47

poumon plíce pl 138

poupée panenka f 128

pour pro 15

pour cent procento nt 149

pourcentage procenta pl 131

pourquoi proč 11

pousser tlačit 155

pouvoir moci 12, 160

prairie louka f 85

prélèvement (méd.) ukázka f 142

premier první 68, 73, 77, 149

première classe první třída f 69

premiers secours, trousse de první pomoc f 122

prendre vzít 8, 25, 102; vyzvednout 96; brát 143

prénom křestní jméno nt 25

préparer spravit 29; ustlat 71

près blízko 14, 15, 32

presbyte dalekozraký 120

prescrire předepsat 143

présentation představování nt 92

présenter představit 92

préservatif preservativ m 122

pressé, être spěchat 21

pression patentka f 116; (pneu) tlak m 75

prêt hotový 29, 117, 120, 126, 145

prêtre kněz *m* 84

prévisions météo předpověď počasí *f* 84

printemps jaro *nt* 150

pris de vertige závrať 140

pris, être *(occupé)* mít moc práce 96

prise zástrčka *f* 27, 29, 104

privé soukromý 80, 91, 155

problème problém *m* 102

prochain příští 65, 68, 73, 76, 149, 151

proche, le plus nejbližší 75, 78, 98

procurer sehnat 89; sjednat 131

profession zaměstnání *nt* 25

profond hluboký 142

programme program *m* 87

promenade sur rivière cesta říční lodí *f* 74

prononcer vyslovovat 12

prononciation výslovnost *f* 6

propre čistý 62

protestant českobratrský 84

provisoire dočasný 145

pullover pulovr *m* 116

punaise připínáček *m* 119

pur čistý 114

pyjama pyžamo *nt* 116

Q

quai nástupiště *nt* 67, 68, 69

qualité kvalita *f* 103, 113

quand kdy 11

quantité množství *f* 14

quarante čtyřicet 147

quart čtvrtina *f* 149

quart d'heure čtvrt hodiny *f* 153

quartier čtvrť *f* 81

quartier commerçant obchodní centrum 100

quartier des affaires obchodní čtvrť *f* 81

quatorze čtrnáct 147

quatre čtyři 147

quatre-vingt-dix devadesát 148

quatre-vingts osmdesát 148

quatrième čtvrtý 149

que *(comparaison)* než 15

quel(le) který 11

quelqu'un někdo 11, 16, 95

quelque několik 14

quelque chose něco 17, 24, 25, 29, 36, 101, 111, 112, 121

quelque part někde 89

quelques několik 14

question otázka *f* 11

qui kdo 11

quincaillerie železářství *nt* 99

quinze patnáct 147

quinze jours čtrnáct dnů 151

quoi co 11

R

rabbin rabín *m* 84

raccommoder spravit 29

radiateur *(voiture)* chladič *m* 78

radio rádio *nt* 24, 28, 104

radio(graphie) rentgen *m* 140

radio-réveil rádio s budíkem 104

radis ředkvička *f* 51

ragoût dušené jídlo *nt* 41

raifort křen *m* 52

raisin hrozen *m* 54, 64

raisin sec hrozinka *f* 54

ralentir snížit rychlost 79

rallonge *(électrique)* prodlužovací kabel *m* 104

rapide rychlý 14, 125

rappeler zavolat 136

raquette raketa *f* 90

raser oholit 31

rasoir břitva *f* 124

rasoir (électrique) holicí strojek *m* 27, 104

rayon *(magasin)* oddělení *nt* 100

réception společnost *f* 95

réception *(hôtel)* recepce *f* 23

réceptionniste recepční *m/f* 26

recharge náplň *f* 119

réclamation stížnost *f* 61

recommandé *(courrier)* doporučeně 133

recommander doporučit 35, 88, 137, 145

recoudre sešít 29, 117

rectangulaire obdélníkový 101

reçu účtenka f 103
réduction sleva f 24, 82
régime strava f 37
règle pravítko nt 119
règles měsíčky pl 141
règles douloureuses bolestivé měsíčky 141
rein ledviny pl 138
religion náboženství nt 83
remercir děkuji 10
remise (prix) sleva f 131
remplir (fiche) vyplnit 26, 144
rendez-vous schůzka f 95
rendez-vous, avoir un objednat se 137
rendre vrátit 103
renseignement informace f 67, 68, 155
réparation oprava f 126
réparer spravit 75, 106, 120, 126, 145; opravit 104, 117, 126
repas jídlo nt 24
repas légers rychlé občerstvení nt 63
repasser (à la vapeur) vyžehlit 29
répéter opakovat 12
réponse odpověď f 136
repriser (vêtements) záplatovat 29
République Tchèque Česká republika f 146
réservation rezervace f 19, 23, 65, 69
réservation (train) místenka 66
réservation d'hôtel hotelová rezervace f 19
réservé rezervovaný 155
réserver rezervovat 19, 23, 69; zamluvit 35, 87
respirer dýchat 141, 142
restaurant restaurace f 19, 32, 33, 35, 67
reste zbytek m 130
rester zůstat 16, 24; se zdržovat 16
retard zpoždění nt 69
retirer vyzvednout 130
retouche (vêtements) předělávka f 114
retouches předělávka 114
retourner vrátit se 21
retrait (argent) vyzvednutí nt 130

retraité důchodce m 82
réveil budík m 107
réveiller vzbudit se 27, 71
revoir uvidět znovu 96
rhum rum m 59
rhumatisme revmatismus m 141
rhume rýma f 121, 141
rhume des foins senná rýma f 121, 141
rideau záclona f 29
rien nic 15, 17
rire smát se 95
rivière řeka f 85, 90
riz rýže f 49
robe šaty pl 116
robe de chambre župan m 116
robe du soir večerní šaty pl 88, 116
robinet kohoutek m 28
romarin rozmarýna f 53
rond kulatý 101
rose (couleur) růžový 112
rosé (vin) rosé 59
rôti pečený 45
roue kolo nt 78
roue de secours náhradní pneumatika f 75
rouge červený 59, 112, 119
rouge à lèvres rtěnka f 124
rougeole spalničky pl 142
route silnice f 77; trasa f 85; cesta f 85
route touristique malebná trasa f 85
royal královský 81
ruban páska f 119
ruban adhésif lepicí páska f 119
rubis rubín m 107
rue ulice f 25, 77
ruine zřícenina f 81

S

s'amuser bavit se 96
s'appeler jmenuji se 23, 92, 131, 133
s'il vous plaît prosím 10
sac taška f 18; sáček m 103
sac à dos batoh m 109
sac à main kabelka f 115, 156

sac de couchage spacák *m* 109

sac de voyage cestovní taška *f* 18

sac plastique igelitový pytlík *m* 105

safran šafrán *m* 53

saignant lehce udělané 45; syrový 62

saignement de nez krvácení z nosu 141

saigner krvácet 139, 145

saison sezóna *f* 150

salade salát *m* 38, 52

salade de fruits ovocný pohár *m* 54

salade verte hlávkový salát *m* 52

salé slaný 62

salle síň *f* 81, 88

salle à manger jídelna *f* 28

salle d'attente čekárna *f* 67

salle de bains koupelna *f* 27

salle des congrès konferenční sál *m* 23

salopette montérky *pl* 116

salut ahoj 10

salutation pozdrav *m* 10

samedi sobota *f* 151

sandale sandál *m* 107

sandwich sendvič *m* 63

sang krev *f* 142

sanglier divoké prase *nt* 47

sans bez 15

sans manche bez rukávů 116

saphir safír *m* 107

sardine sardinka *f* 43

satin satén *m* 113

sauce omáčka *f* 51

saucisse vuřt *m* 45, 63

sauge šalvěj *f* 53

saumon losos *m* 43

sauvetage, canot de záchranný člun *m* 74

sauvetage, gilet de boule *f* 139

savoir vědět 16, 24

savon mýdlo *nt* 27, 124

Schweppes® tonik *m* 60

scooter skútr *m* 74

sculpteur sochař *m* 83

sculpture sochařství *nt* 83

seau kyblík *m* 128

sec suchý 30, 59

sèche-cheveux fén *m* 104

seconde vteřina *f* 153

secrétaire sekretářka *f* 27, 131

section *(musée)* oddělení *nt* 83

sein prs *m* 138

seize šestnáct 147

séjour návštěva *f* 92

sel sůl *f* 37, 40, 53

self-service samoobluha *f* 39

selles *(méd.)* stolice *f* 142

sels de bain koupelová sůl *f* 123

semaine týden *m* 16, 20, 24, 80, 92, 151

semelle podrážka *f* 117

sens *(unique)* provoz *m* 77

sens unique jednosměrný provoz 77, 79

sentier pěšina *f* 85

sentir, se cítit 140

séparément zvlášť 62

sept sedm 147

septembre září *nt* 150

septième sedmý 149

sérieusement vážně 139

serveur číšník *m* 26

serveuse číšnice *f* 26

service služba *f* 24, 62, 98; obsluha *f* 100

service des chambres pokojová služba *f* 23

service religieux bohoslužba *f* 84

serviette ubrousek *m* 36, 119; ručníky 105

serviette (de bain) ručník *m* 27, 124

serviette en papier kniha v měkké vazbě *f* 119

serviette hygiénique vložka *f* 122

seulement jenom 15, 80, 123

shampooing šampon *m* 30, 124

shampooing colorant barvicí šampon *m* 124

shampooing et mise en plis umýt a natočit 30

shampooing sec šampon v prášku 124

short šortky *pl* 116

si když 143

siècle století *nt* 149

siège místo *nt* 69

signature podpis *m* 25
signer podepsat 26, 130
simple jednoduchý 125
sinistre chmurný 84
six šest 147
sixième šestý 149
ski lyže *f* 91
ski *(sport)* lyžování *nt* 89, 91
ski de fond běh na lyžích 91
ski de piste sjezd na lyžích *nt* 91
ski nautique vodní lyže *pl* 91
ski, faire du zalyžovat 91
slip kalhotky *pl* 116
Slovaquie Slovensko *nt* 146
sœur sestra *f* 93
soie hedvábí *nt* 113
soif, avoir mít žízeň 13, 35
soins, premiers první pomoc 122
soir večer *m* 95, 96
soir, ce dnes večer 29, 87, 96
soixante šedesát 147
soixante-dix sedmdesát 148
soldes prodej *m* 100; výprodej *m* 155
soleil slunce *nt* 94
solide pevný 101
soliste sólista *m* 88
sombre tmavý 25
somme množství *nt* 131
somnifère prášek na spaní *m* 122; spací prášky 143
son, sa, ses jeho, její, jí 159
sonner zazvonit 155
sonnette zvonek *m* 144
sorte druh *m* 110
sortie východ *m* 99, 155; výstup *m* 67
sortie de secours nouzový východ *m* 28, 99
sortir sejít 96
souple měkký 120
source pramen *m* 85
sous-tasse podšálek *m* 105
soutien-gorge podprsenka *f* 116
souvenir suvenýr *m* 127
sparadrap leukoplast *f* 122
spécial speciální 20, 37
spécialiste specialista *m* 142
spectacle představení 87
sport sport *m* 89

sports d'hiver zimní sporty *pl* 91
stade stadion *m* 81
standardiste telefonní centrála *f* 26
station (de métro) stanice *f* 73
station-service benzinová pumpa *f* 75
stationnement parkování 77, 79; parkoviště *nt* 79
stationnement, permis de parkovací lístek *m* 77
statue socha *f* 81
stick-lèvres bezbarvá rtěnka *f* 124
store roleta *f* 29
stupéfiant neuvěřitelný 84
stylo pero *nt* 119
stylo à bille propisovací tužka *f* 119
stylo encre plnicí pero *nt* 119
stylo feutre značkovač *m* 119
sucre cukr *m* 37, 64
sucré sladký 62
sud jih *m* 77
Suède Švédsko *nt* 146
Suisse Švýcarsko *nt* 146
Suisse(sse) Švýcar(ka) *m/f* 93
suivant příští 14
suivre sledovat 77
super super benzin *m* 75
superbe ohromné 84
supérieur horní 69
supermarché samoobsluha *f* 99
supplémentaire extra 24; víc 27
suppositoire čípek *m* 122
sur na 15
sur demande na požádání 73
survêtement tepláková souprava *f* 116
sweatshirt tepláková bunda *f* 116
synagogue synagoga *f* 84
synthétique syntetický 114
système systém *m* 138
système nerveux nervový systém *m* 138

T
tabac tabák *m* 108
tabac à chiquer žvýkací tabák *m* 108

tabac à priser šňupavý tabák *m* 108

tabac pour pipe dýmkový tabák *m* 108

table stůl *m* 35, 109

table pliante skládací stůl *m* 109

tableau obraz *m* 83

tache skvrna *f* 29

taille velikost *f* 114

taille-crayon ořezávátko *nt* 119

tailleur krejčovství *nt* 99

talc zásyp 124

tampon hygiénique tampón *m* 122

tante teta *f* 93

tapis de sol nepromokavá celta *f* 109

tard pozdě 14

tasse šálek *m* 36, 60; hrníčky 105

taux (de change) kurs *m* 19, 130

taux d'inflation procento inflace *nt* 131

taxe daň *f* 32, 102

taxe de séjour turistická daň *nt* 32

taxi taxi 19, 21, 31, 67

taxi, station de stanoviště taxi *nt* 21

tchèque česky 11, 95

teinté tónovaný 120

teinture obarvení *nt* 30

teinturerie čistírna *f* 29, 99

téléfax telefax *m* 133

télégramme telegram *m* 133

télémètre dálkoměr *m* 126

téléobjectif teleobjektiv *m* 126

téléphérique lanovka *f* 74

téléphone telefon *m* 28, 79, 134

téléphoner telefonovat 134

téléphoner en P.C.V. mít hovor na účet volaného *m* 134

télévision televize *f* 24, 28

télex telex *m* 133

température teplota *f* 142

temps čas *m* 68, 80; počasí *nt* 94

tendon šlacha *f* 138

tennis tenis *m* 89

tennis (chaussures) tenisky *pl* 117

tension (méd.) krevní tlak *m* 141, 142

tente stan *m* 32, 109

terme výraz *m* 131

terrasse terasa *f* 36

terrifiant úděsný 84

tétanos tetanus *m* 140

tête hlava *f* 138, 139

tétine dudlík *m* 124

thé čaj *m* 40, 60

thé glacé ledový čaj *m* 60

théâtre divadlo *nt* 81, 86

thermomètre teploměr *m* 122, 144

thermos flask termoska *f* 105

thon tuňák *m* 43

thym tymián *m* 53

tiers (jedna) třetina *f* 149

timbre(-poste) známka *f* 28, 108, 132, 133

tirer táhnout 155

tisane bylinkový čaj 60

tissu látka *f* 112

tissu-éponge froté *nt* 113

toast topinka *f* 40

toilettes toalety *pl* 24, 32, 37, 67

tomate rajské jablíčko *nt* 51

tombe hrobka *f* 82

ton (couleur) odstín *m* 111

ton/vos tvůj 159

tonnerre hrom *m* 94

topaze topaz *m* 107

torticolis ztrnulý krk *m* 141

tôt brzo 14, 31

toucher dotýkat se 155

toucher (chèque) vyplatit 130

toujours vždycky 15

tour (excursion) cesta *f* 80; **(édifice)** věž *f* 82

tour de ville vyhlídková cesta *f* 80

tourner zahnout 21, 77

tournevis šroubovák *m* 105

tousser kašlat 142

tout všechno 31, 62, 103

tout de suite okamžitě 31

tout droit (direction) rovně 21, 77

toux kašel *m* 121, 141

traduire přeložit 12

train vlak *m* 66, 68, 69, 70

train expres rychlík *m* 66

traitement ošetření *nt* 143

trajet cesta *f* 72

tram tramvaj *f* 73

tranche plátek *m* 110

tranquillisant utišující prostředek *m* 122; sedativum *nt* 143

transfert převod *m* 131

transformateur transformátor *m* 104

transfusion transfúze krve *f* 144

transport dopravní prostředky *pl* 74

traversée přeplavba *f* 74

treize třináct 147

trente třicet 147

très velmi 15

tricot svetr *m* 116

trois tři 147

troisième třetí 149

trombone *(bureau)* spínátko 119

trop moc 14

trop cuit předělaný 62

trou díra *f* 29

trouver najít 11, 12, 84, 100, 137; sehnat 32

truffe nepečená kulička 56

truite pstruh *m* 43

T-shirt tričko *nt* 116

tu ty 159

Turkie Turecko *nt* 146

turquoise tyrkys *m* 107

turquoise *(couleur)* tyrkysový 112

T.V.A. daň z nákupu *f* 102

U

un *(chiffre)* jeden 147

université universita *f* 82

urgence pohotovost *f* 156

urgent spěšný 13; rychle 145

urine moč *f* 142

usage potřeba *f* 17

utile užitečný 15

V

vacances dovolená *f* 16; prázdniny *pl* 151

vacciner očkovat 140

vaisselle nádobí *nt* 105

valeur hodnota *f* 131

valise kufr *m* 18

vallée údolí *nt* 85

vanille vanilka *f* 53

veau telecí *nt* 44

végétarien vegetarián *m* 37; bezmasý 39

veine žíla *f* 138

vélomoteur moped *m* 74

velours samet *m* 113

velours côtelé manšestr *m* 113

velours de coton bavlněný samet *m* 113

vendre prodat 100

vendredi pátek *m* 151

venir přijít 35, 95, 137, 146

vent vítr *m* 94

vente prodej *m* 131

vérifier kontrolovat 75

véritable pravý 106

vermouth vermut *m* 59

vernis à ongles lak na nehty *m* 124

verre sklenice *f* 36, 58, 61, 143

verre de contact kontaktní čočky 120

vers směrem 15; *(temps)* kolem 31

verser *(dépôt)* uložit 131

vert zelený 112

vessie měchýř *m* 138

veste sako *nt* 116

vêtements šaty 29; oděvy 115

vétérinaire veterinář *m* 99

viande maso *nt* 37, 44, 45, 62

vide prázdný 14

vieille ville staré město *m* 82

vieux starý 14

vigne vinice *f* 85

village vesnice *f* 85

ville město *nt* 19, 76, 81, 88

vin víno *nt* 58, 62

vinaigre ocet *m* 37

vingt dvacet 147

violet fialový 112

visage obličej *m* 138

vitamines vitaminová pilulka *f* 122

vite rychle 137, 156

vitrine výloha *f* 100, 111

vodka vodka *f* 59

vœu přání *nt* 152

voici tady 13

voilier plachetnice *f* 91

voir vidět 25

voiture auto *nt* 19, 20, 32, 75, 78

Český rejstřík

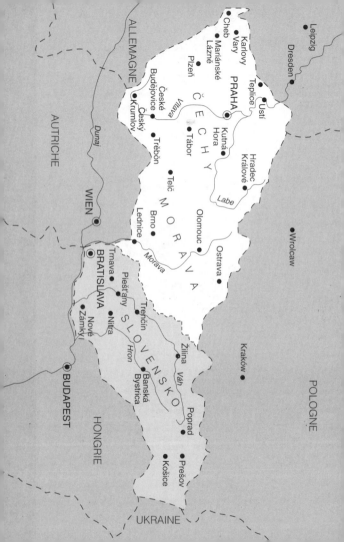